海上絲綢之路基本文獻叢書

中英關係略史

暹羅古代史

佚名 著／〔泰〕共丕耶達嗎鑾拉查奴帕 著

文物出版社

圖書在版編目（CIP）數據

中英關係略史 / 佚名著. 暹羅古代史 / （泰）共丕耶達嗎鑾拉查奴帕著. -- 北京 : 文物出版社, 2022.7
（海上絲綢之路基本文獻叢書）
ISBN 978-7-5010-7630-7

Ⅰ. ①中… ②暹… Ⅱ. ①著… ②共… Ⅲ. ①中英關系－國際關係史－史料－民國②泰國－古代史－史料 Ⅳ. ①D829.561 ②K336.2

中國版本圖書館 CIP 數據核字（2022）第 097518 號

海上絲綢之路基本文獻叢書

中英關係略史·暹羅古代史

著　　者：佚名　〔泰〕共丕耶達嗎鑾拉查奴帕
策　　劃：盛世博閱（北京）文化有限責任公司

封面設計：鞏榮彪
責任編輯：劉永海
責任印製：張　麗

出版發行：文物出版社
社　　址：北京市東城區東直門内北小街 2 號樓
郵　　編：100007
網　　址：http://www.wenwu.com
經　　銷：新華書店
印　　刷：北京旺都印務有限公司
開　　本：787mm×1092mm　1/16
印　　張：13
版　　次：2022 年 7 月第 1 版
印　　次：2022 年 7 月第 1 次印刷
書　　號：ISBN 978-7-5010-7630-7
定　　價：98.00 圓

總緒

海上絲綢之路，一般意義上是指從秦漢至鴉片戰争前中國與世界進行政治、經濟、文化交流的海上通道，主要分爲經由黄海、東海的海路最終抵達日本列島及朝鮮半島的東海航綫和以徐聞、合浦、廣州、泉州爲起點通往東南亞及印度洋地區的南海航綫。

在中國古代文獻中，最早、最詳細記載『海上絲綢之路』航綫的是東漢班固的《漢書·地理志》，詳細記載了西漢黄門譯長率領應募者入海『齎黄金雜繒而往』之事，書中所出現的地理記載與東南亞地區相關，并與實際的地理狀况基本相符。

東漢後，中國進入魏晉南北朝長達三百多年的分裂割據時期，絲路上的交往也走向低谷。這一時期的絲路交往，以法顯的西行最爲著名。法顯作爲從陸路西行到印度，再由海路回國的第一人，根據親身經歷所寫的《佛國記》（又稱《法顯傳》）一書，詳細介紹了古代中亞和印度、巴基斯坦、斯里蘭卡等地的歷史及風土人情，是瞭解和研究海陸絲綢之路的珍貴歷史資料。

隨着隋唐的統一，中國經濟重心的南移，中國與西方交通以海路爲主，海上絲綢之路進入大發展時期。廣州成爲唐朝最大的海外貿易中心，朝廷設立市舶司，專門管理海外貿易。唐代著名的地理學家賈耽（七三〇～八〇五年）的《皇華四達記》記載了從廣州通往阿拉伯地區的海上交通『廣州通夷道』，詳述了從廣州港出發，經越南、馬來半島、蘇門答臘半島至印度、錫蘭，直至波斯灣沿岸各國的航綫及沿途地區的方位、名稱、島礁、山川、民俗等。譯經大師義净西行求法，將沿途見聞寫成著作《大唐西域求法高僧傳》，詳細記載了海上絲綢之路的發展變化，是我們瞭解絲綢之路不可多得的第一手資料。

宋代的造船技術和航海技術顯著提高，指南針廣泛應用於航海，中國商船的遠航能力大大提升。北宋徐兢的《宣和奉使高麗圖經》詳細記述了船舶製造、海洋地理和往來航綫，是研究宋代海外交通史、中朝友好關係史、中朝經濟文化交流史的重要文獻。南宋趙汝適《諸蕃志》記載，南海有五十三個國家和地區與南宋通商貿易，形成了通往日本、高麗、東南亞、印度、波斯、阿拉伯等地的『海上絲綢之路』。宋代爲了加强商貿往來，於北宋神宗元豐三年（一〇八〇年）頒佈了中國歷史上第一部海洋貿易管理條例《廣州市舶條法》，并稱爲宋代貿易管理的制度範本。

元朝在經濟上採用重商主義政策，鼓勵海外貿易，中國與歐洲的聯繫與交往非常頻繁，其中馬可·波羅、伊本·白圖泰等歐洲旅行家來到中國，留下了大量的旅行記，記録元代海上絲綢之路的盛况。元代的汪大淵兩次出海，撰寫出《島夷志略》一書，記録了二百多個國名和地名，其中不少首次見於中國著録，涉及的地理範圍東至菲律賓群島，西至非洲。這些都反映了元朝時中西經濟文化交流的豐富内容。

明、清政府先後多次實施海禁政策，海上絲綢之路的貿易逐漸衰落。但是從明永樂三年至明宣德八年的二十八年裏，鄭和率船隊七下西洋，先後到達的國家多達三十多個，在進行經貿交流的同時，也極大地促進了中外文化的交流，這些都詳見於《西洋蕃國志》《星槎勝覽》《瀛涯勝覽》等典籍中。

關於海上絲綢之路的文獻記述，除上述官員、學者、求法或傳教高僧以及旅行者的著作外，自《漢書》之後，歷代正史大都列有《地理志》《四夷傳》《西域傳》《外國傳》《蠻夷傳》《屬國傳》等篇章，加上唐宋以來衆多的典制類文獻、地方史志文獻，集中反映了歷代王朝對於周邊部族、政權以及西方世界的認識，都是關於海上絲綢之路的原始史料性文獻。

海上絲綢之路概念的形成，經歷了一個演變的過程。十九世紀七十年代德國地理學家費迪南·馮·李希霍芬（Ferdinad Von Richthofen，一八三三～一九〇五），在其《中國：親身旅行和研究成果》第三卷中首次把輸出中國絲綢的東西陸路稱爲『絲綢之路』。有『歐洲漢學泰斗』之稱的法國漢學家沙畹（Édouard Chavannes，一八六五～一九一八），在其一九〇三年著作的《西突厥史料》中提出『絲路有海陸兩道』，蘊涵了海上絲綢之路最初提法。迄今發現最早正式提出『海上絲綢之路』一詞的是日本考古學家三杉隆敏，他在一九六七年出版《中國瓷器之旅：探索海上的絲綢之路》中首次使用『海上絲綢之路』一詞；一九七九年三杉隆敏又出版了《海上絲綢之路》一書，其立意和出發點局限在東西方之間的陶瓷貿易與交流史。

二十世紀八十年代以來，在海外交通史研究中，『海上絲綢之路』一詞逐漸成爲中外學術界廣泛接受的概念。根據姚楠等人研究，饒宗頤先生是華人中最早提出『海上絲綢之路』的人，他的《海道之絲路與昆侖舶》正式提出『海上絲路』的稱謂。選堂先生評價海上絲綢之路是外交、貿易和文化交流作用的通道。此後，大陸學者馮蔚然在一九七八年編寫的《航運史話》中，使用『海上絲綢之路』一詞，這是迄今學界查到的中國大陸最早使用『海上絲綢之路』的人，更多地限於航海活動領域的考察。一九八〇年北京大學陳炎教授提出『海上絲綢之路』研究，并於一九八一年發表《略論海上絲綢之路》一文。他對海上絲綢之路的理解超越以往，且帶有濃厚的愛國主義思想。陳炎教授之後，從事研究海上絲綢之路的學者越來越多，尤其沿海港口城市向聯合國申請海上絲綢之路非物質文化遺産活動，將海上絲綢之路研究推向新高潮。另外，國家把建設『絲綢之路經濟帶』和『二十一世紀海上絲綢之路』作爲對外發展方針，將這一學術課題提升爲國家願景的高度，使海上絲綢之路形成超越學術進入政經層面的熱潮。

與海上絲綢之路學的萬千氣象相對應，海上絲綢之路文獻的整理工作仍顯滯後，遠遠跟不上突飛猛進的研究進展。二〇一八年厦門大學、中山大學等單位聯合發起『海上絲綢之路文獻集成』專案，尚在醖釀當中。我們不揣淺陋，深入調查，廣泛搜集，將有關海上絲綢之路的原始史料文獻和研究文獻，分爲風俗物産、雜史筆記、海防海事、典章檔案等六個類别，彙編成《海上絲綢之路歷史文化叢書》，於二〇二〇年影印出版。此輯面市以來，深受各大圖書館及相關研究者好評。爲讓更多的讀者親近古籍文獻，我們遴選出前編中的菁華，彙編成《海上絲綢之路基本文獻叢書》，以單行本影印出版，以饗讀者，以期爲讀者展現出一幅幅中外經濟文化交流的精美畫卷，爲海上絲綢之路的研究提供歷史借鑒，爲『二十一世紀海上絲綢之路』倡議構想的實踐做好歷史的詮釋和注脚，從而達到『以史爲鑒』『古爲今用』的目的。

凡例

一、本編注重史料的珍稀性，從《海上絲綢之路歷史文化叢書》中遴選出菁華，擬出版百册單行本。

二、本編所選之文獻，其編纂的年代下限至一九四九年。

三、本編排序無嚴格定式，所選之文獻篇幅以二百餘頁爲宜，以便讀者閱讀使用。

四、本編所選文獻，每種前皆注明版本、著者。

五、本編文獻皆爲影印，原始文本掃描之後經過修復處理，仍存原式，少數文獻由於原始底本欠佳，略有模糊之處，不影響閱讀使用。

六、本編原始底本非一時一地之出版物，原書裝幀、開本多有不同，本書彙編之後，統一爲十六開右翻本。

目録

中英關係略史

中英關係略史

佚名 著

民國十八年上海中華書局再版鉛印本

國民外交小叢書

中英關係略史

1927

上海中華書局出版

中英關係略史（1637—1926）

目次

中英關係略史（1637—1926）

一、英國概說

英吉利本部位於北海大西洋之間，合大不列顛島愛爾蘭島及大小五千島嶼而成。大不列顛北部爲蘇格蘭，南部爲英格蘭，突出於西部爲威爾勒士。東隔北海，與比利時荷蘭德意志及丹麥之一部挪威之南部對峙。南越英吉利海峽與法蘭西對峙。西越愛爾蘭海有愛爾蘭島全部面積一二一・三九〇方哩。

其殖民地遍布五洲，約佔地球全陸地之五分之一。當歐羅巴全洲二倍半以上。其總面積爲一一・五三〇・〇〇〇方哩。故英人自詡為「日不沒國」其最要者有五處。即加拿大，澳大利—2聯邦，南非洲聯邦，新西蘭，印度是。

英吉利最初發展係越過海峽而取道於歐洲大陸。一五五八年與大陸關係，尚屬平靜。及一五八八年戰勝西班牙無敵艦隊。英人遂建立雄飛海上的基礎。一六五一年克林威爾頒布航海條例。英人貿易受此保護，發展途徑格外鮮明。一七五六年英法戰爭開始，中亙七年。結果法割北美之加拿大及密西失必以東地與英，以成巴黎和約。彼時西班牙葡萄牙全在英國支配之下。英國遂一躍而為歐洲一大强國。當十八世紀法大革命，英以殖民地之貨財，應歐洲人民之要求，使英為其他各國之債權國。又因十八世紀後半期蒸汽機發明之故，使英成為世界有力之工業國。遍覓海外市場，至十九世紀之中葉，竟成世界上之大帝國。英人素重經驗，排斥空想。以伶俐之觀察，捕捉事物。故其在外交上無不著著勝利。以中國在外交上處處居被動地位，與之交涉，宜乎有負無勝也。

二、本書發端

自去年五卅慘案發生後，交涉經年，迄無結果；到今年九月，乃又有更慘酷的英艦砲擊萬縣的事件；國人對英的憤慨，可謂已經到了極點。不過統觀年來國人對外的態度，往往弱點甚多：動以感情，不究事理，其弱點一；步驟凌亂，不得要領，其弱點二；衝動一時，不能持續，其弱點三。這些弱點，不僅老謀深算的英國人看得清清楚楚，就是愚弄國民有素的中國外交當局，又何嘗不是明明白白。因爲如此，所以一件交涉重案發生，外國人和中國的外交當局，每每採同一的步調：始之以敷衍，繼之以拖延，拖延的時間愈久國人力爭的勇氣也愈低，於是往往一件驚天動地的巨案，結果簡直弄得聲息全無，甚至於失敗了，全部失敗了，國人仍舊是夢夢然，絲毫不明白失敗的經過。統觀近數十年的外交史，有幾次的交涉能逃出這種公例呢？

但我們到底應該問國人這種弱點究竟是如何搆成的？換言之，他的根本弱點究竟在何處，我可以簡括明了的回答說：這實在是原於國人對外的知識過於簡陋使然。照我們的常識判斷，我們做一件事的有無成功，一定要看我們對於那件事的本身有不有一個徹頭徹尾的了解。更有不有一個燭照數計的打算，如果只靠瞎摸，專憑僥倖，結果總沒有不一敗塗地的。

歐戰以後，中國人對於世界的常識，似乎比較從前稍好一些；但到底還是模糊影響。試舉一個例，中國近年與英美日法等國的關係，是何等的繁複而嚴重？但我們遍索中國的出版界，想要找一本百面以上的專著，專敘現代英國或日本的國情足以增加國人對外了解的常識的，乃卒不可得。再舉一例，今年十月，中比條約期滿，國人認為是改善不平等條約的惟一機會，於是羣起力爭，甚至倡言爭而不得，即對比宣戰亦在所不恤。不過我們試平心靜氣的一想，國人對於比國了解的程度，比較三十年前中日戰爭時代對於日本了解的程度，到底有沒有差別？如果對於別人一無所知，而專說大話；勇則勇矣；其如事實無補何？我說這種話，并不是說比約不該爭，但我總覺得我們要想一切對外的交涉有效，畢竟應以對外的了解爲第一義啊！

這本小册子的目的，在就中英三百年的關係，作一概括的說明，在這個舉國一致對英的時候，或者能够引起國人多少對英研究的興趣罷？

三、中英關係的淵源

我們要懂得中英關係的淵源，同時就是要懂得東西關係的淵源。我們從世界的近代史上看，東西其所以發生關係，并且這種關係一天天趨於惡劣，顯然可以判分兩期：第一期是地理上大發現的時期；第二期是工業革命完成的時期。由第一期的關係，我們覺得地球一天一天的放大；由第二期的關係我們又覺得地球一天一天的縮小。由這個一放大一縮小之間，這個十九二十世紀的怪物帝國主義，乃完全成熟，舉世界一切的弱小民族，弱小國家，乃無一不爲歐洲的洪水所湮滅，無一不爲歐洲的勢力所籠罩，於是這個不幸的東方，不幸的中國，也爲大潮所捲，捲入漩渦，一直到今日還無由自拔。

原來到了十五十六世紀的時候，歐洲人因種種的原因，忽然想找一條通東方的航路，而當時的印度，便是他們公共的目的物。無巧不成書，居然在這個時候又產生了多數特出的冒險家，——

於是葡萄牙人向東，西班牙人向西，僅僅只有四五十年的光景，除掉兩極和澳洲而外，幾幾乎已爲他們發現殆盡。葡萄牙人西班牙人既是發現世界的先鋒隊，所以歐洲人首先與中國發生關係的，也就是這兩國的人。英人東來，稍稍後於西葡，大約與荷蘭人同時。荷人於明萬曆二十四年（一五九六）始航東洋，英人則於萬曆十六年（一五八八）始破西班牙無敵艦隊而奪取其海上地位，萬曆二十八年（一六〇〇）始創東印度公司以爲經營東方的張本，與中國正式發生關係，實始於明崇禎十年（一六三七）威代爾之砲擊虎門，約略計之，已近三百年了。不過在這三百年中，當十七十八世紀的時候，英國的工業革命還沒有完成，同時他的殖民地已經遍於全世界，所以這個時候雖說對中國的要求已十分迫切，但中國到底還有拒絕的餘地，這個時候的中英關係也恍惚在一種若斷若續的狀態中。一旦到了十八世紀的末期，和十九世紀的初期，英國已一躍而為世界第一的工業國，一方既須要大宗的原料以供製造，一方又不能不廣覓巨大的商場以消納商品，中國在這兩點上的資格——供給原料，消納商品——既都是舉世無雙，所以英國不能不視中國為禁臠挾全力以相爭奪。因為如此，所以才有一八四〇年到一八四二年的鴉片戰爭；也因為如此，才有鴉片戰爭後這九十年中英間慘淡的歷史！讀者明乎此，再進而看下面一節的一個——，表，便可以明白中英間這種關係的演成，實在是源於一個絕大的勢力，一種絕大的潮流，而形成一種歷史的因襲，明白言之，即國人昧於世界大勢，不知應付外交，致列強侵畧無所顧忌而已！

四、中英關係年表

一六三七年（明崇禎十年）英人以在印度戰勝葡人，葡許英船出入澳門，是年，英人威代爾（Captain John Weddell）遂率艦隊由澳門抵廣州，砲擊虎門，中國與之約，許於廣東河口通商。

一六七〇年（清康熙九年）鄭經許英人通商於台灣之安平，福建之厦門。

一六八三年（康熙二十二年）開海禁，英人始來互市於浙東。

一六八九年（康熙二十八年）英始正式派商船來粵。

一六九七年（康熙三十六年）甯波海關移定海，英商船始來舟山。

一七一五年（康熙五十四年）東印度公司與廣東官吏訂約，設商館於粵，獨占中國貿易權。

一七五七年（乾隆二十二年）清廷頒上諭，定廣東為唯一之外國通商口岸，英商在寧波廈門一帶之經營，一時歸於停頓。

一七五九年（乾隆二十四年）圈禁英商洪任輝於澳門，三年始驅逐回國。同年從兩廣總督李侍堯議，頒布取締外商規則若干條。是時廣東貿易不盛，而課稅甚苛，政府視英人為夷類，

12

不以禮遇。而國內奸商漁利，向官吏則道英商奸詐無禮，向英商則假官命壓迫。英商向廣東大吏要求請改五弊：(一)英船到粵，碇泊後卽須起貨；(二)奸民竊英貨物，請問罪；(三)請禁華人目英人爲夷狄禽獸；(四)減稅；(五)官吏請勿與外人故意疏隔。不報。英政府仍欲設法挽回，故有遣馬加特尼來華之命。

一七九三年（乾隆五十八年）英遣馬加特尼伯（Earl of Macartney）來聘，提要求七款：(一)派員駐北京管商務；(二)許英商得至寧波舟山天津廣東貿易；(三)倣俄例於北京設商館；(四)求舟山附近一小島，供商人收藏貨物之用；(五)求廣州附近一小地方居住英商，或准令澳門居住之人，得自由出入；(六)減稅；(七)傳

致清廷對英使優禮有加，凡所要求，均一一駁斥

一七九五年（乾隆六十年）英人由粵商船轉遞國書，對清廷五十八年招待英使表謝意，并稱乾隆五十七年福康安用兵西藏，英曾遣兵應援。

一八〇〇年（嘉慶五年）嚴旨禁鴉片，時鴉片已由英商輸入，歲有增加。

一八〇二年（嘉慶七年）英人以兵船六，泊廣東香山縣屬之雞頸洋意窺澳門，旋退去。時英法搆兵。

一八〇五年（嘉慶十年）英又遣使至粵遞國書，言已勝法人；意恐法人在中國有所離間。

一八〇八年（嘉慶十三年）英以兵船九據澳門，且分兵入虎門泊黃埔，聲稱防禦法人，意殊叵測。十月十日，清廷下諭剿辦，英始懼而退去。兩廣總督吳熊光以此革職，遣戍伊犁。

一八一五年（嘉慶二十年）申鴉片煙禁。時由英商輸入之鴉片，已年達三千箱。

一八一六年（嘉慶二十一年）英遣亞墨爾斯（Lord Amhest）來聘，以不遵儀節，逐之回國。

一八二二年（道光二年）兩廣總督阮元疏禁鴉片。時鴉片輸入中國者已年達萬箱。

一八二三年（道光三年）定失察鴉片煙條例。

一八三〇年（道光十年）定查禁內地行銷鴉片章程。

一八三四年（道光十四年）東印度公司中國貿易獨占權期滿，英遣貿易監督官律勞卑（Lord Napier）來中國，未得中國允許，卽以砲艦二艘攻入虎門，進泊黃埔。旋律勞卑以病退去，卽於是年死於澳門。

一八三六年（道光十六年）律勞卑死後，繼之者爲帶威斯（Davis）羅頻孫（Robinson）均無所成就。至是英政府以甲必丹義律（Captain Elliat）代之，是卽鴉片戰爭之主要人物。

一八三八年（道光十八年）英遣海軍少將梅隸蘭（Fredrick Maintland）率艦來中國，保護英商，時清廷從朱罇許球黃爵滋

15

等議，益嚴煙禁。

一八三九年（道光十九年）清廷命林則徐至廣東，則徐與兩廣總督鄧廷楨重申煙禁，限期禁絕，違限吸煙罪絞，販煙罪斬。幷於是年燬英商鴉片一萬九千一百七十九箱，又二千一百一十九袋，共二百三十七萬六千二百五十四斤。則徐又下令沿海州縣絕英人薪蔬食物。義律乃發軍艦犯九龍，開始砲擊，戰端遂啓。

一八四〇年（道光二十年）英政府以加至義律 George Elliot) 統陸軍，伯麥 (Bremer) 統海軍來犯，以廣東有備，乃分兵犯定海，陷之。伯麥及甲必丹義律率軍艦赴天津投書議和，列償貨價，賠軍費，開商埠等要求，凡六款。

一八四一年（道光二十一年）琦善在廣州與英議和，英求割香港，被拒，伯麥遂率軍艦進攻，陷虎門外兩砲台，不得已，許之。清廷怒，下諭再宣戰。英軍益深入，盡扼珠江要害，英陸軍司令官烏古（Sir Hugh Gough）亦至，奕山楊芳隆文等，戰守俱無功，英軍且陷廣州省城附近砲臺，卒被迫與英和，許償軍費六百萬元。廣州三元里鄉民奮起平英團，集衆數萬，英軍凶燄，爲之稍挫，但以上年天津所索六款及香港割讓之約未得中國政府允許，決再用兵。時英大使璞鼎查（Sir Henry Pottinger）海軍少將巴克（Parker）適至，於是率陸海軍北犯，八月犯厦門，九月陷定海，鎭海，進據寧波，清廷命奕經等率兵赴浙圖恢復。一八四二年（道光二十二年）奕經等復浙無功，浙撫劉韻珂主和，清廷從其議，遣伊里布耆英等赴浙，爲主款地，會英軍又連陷乍浦，寶山，上海，鎭江，以八月進薄江寧，和議遂決。耆英伊里布兩全權，與英使璞鼎查遂於是年八月二十九日締結有名之南京條約。全約十三款，最要者如下：(一)賠償軍費商欠及鴉片損失共二千一百萬圓；(二)開廣州福州厦門寧波上海五港，許英人通商及居住；(三)割香港；(四)規定『英國貨物，自在某港按例納稅後，即准由中國商人，徧運天下，而路所經過關稅，不得重加稅例，只可照估價則例若干，每兩加稅不過某分，』

已開協定關稅之漸。

是年冬，粵民聞廣州開埠訊，聚衆數萬，殺英人於市，焚其商館。

一八四五年（道光二十五年）英人謀入廣州，粵民舉行團練，每戶三丁抽一，以百人爲一甲，八甲爲一總，八總爲一社，八社爲一大總，旬日間城鄉鎮市，燈旗相望。粵紳潘士誠且延法人造船礮水雷，謀戰守，英人懼，入城議不果行。

一八四六年（道光二十六年）耆英與香港總督帑威斯約廣州入城議延緩二年，且私許以舟山列島不割讓他國。

一八四九年（道光二十九年）香港總督文翰（Sir George Bonham）以兵艦入粵河，申二年入城約，兩廣總督徐廣縉集鄉團十餘萬人於河干，自詣英艦，告以粵民不可侮，英人謀留廣縉爲質，兩岸練勇呼聲震天，英人懼，不復敢言入城事，且於是時改定廣東通商專約，永禁英人入城。

一八五六年（咸豐六年）時包冷 Sir John Bowring）任香港總督，巴夏禮（Sir Harry Parkes）任廣東領事，與兩廣總督葉名琛積不相能，是年十月，卒以亞羅船事件搆釁，英兵陷廣州，放火焚衙署。英兵退，粵民乃舉英法美各商館及十三家洋行悉焚之。

一八五七年（咸豐七年）英法聯軍陷廣州，英軍擄葉名琛去，遂據廣州。英使額爾金（Lord Elgin）法使噶羅（Baron Gros）美

使利得 (Mr. William B. Reed) 俄使布恬廷 (Count Pontiatine) 至上海，連名致書清大學士裕誠，請派員赴上海商善後，清廷拒之。

一八五八年（咸豐八年）英法聯軍北犯，俄美遣艦從之，陷大沽砲臺，清廷遣大學士桂良，尚書花沙納赴天津議款，六月，與英法定天津條約。英約五十六款，法約四十二款，除增開口岸，賠償軍費，允准傳教外，凡領事裁判權，協定關稅制，最惠國條約等，均於此次條約規定焉。時廣東佛山鎮紳民辦團練，懸賞購巴夏禮頭，并謀以團練攻廣州聯軍，不果。是年訂中英通商條約，凡十款。

一八五九年（咸豐九年）英公使卜魯士（Honorable Frederick Bruce）法公使布爾布隆（M. de Bourboulon）率軍艦赴北京換約，大敗於大沽。

一八六〇年（咸豐十年）英法仍以額爾金噶羅爲特派全權公使，英遣格蘭特（Sir Hope Grant）法遣蒙他板（Cousin Montanban）合將海陸軍二萬五千人北犯，破天津北京，僧格林沁勝保軍先後敗潰，清帝避熱河，英軍縱火焚圓明園，遂於是年十月與英法訂北京條約。除實行天津條約外，又增開天津爲商埠，割九龍與英，并賠償英法軍費各八百萬兩。是年始設總理各國通商事務衙門。

一八六二年（同治元年）與英續訂長江通商統共章程七條

一八六三年（同治二年）任英人赫德（Sir Robert Hart）爲總稅務司，自是迄一九〇九年始歸國，管我海關全權凡四十餘年，同時實清廷一最高之外交顧問。又是年李鴻章以英將戈登（Major Charles George Gordon）統常勝軍，助平太平天國。

一八六七年（同治六年）英人蘇哲蘭（Sir Thomas Sutherland）發起創辦滙豐銀行。

一八七五年（光緒元年）英人欲從印度侵入西南各省，印度政府遣大佐布羅（Colonel Browne）率印度緬甸兵士百餘人，謀從緬甸入雲南，北京公使威妥瑪（T. F. Wade）遣書記官瑪加理（A. R. Margary）爲布羅助，是年二月，瑪加理爲雲南土人所殺。

一八七六年（光緒二年）因瑪加理事件，與英訂煙臺條約，除賠款，謝罪，增開商埠，幷重申領事裁判權外，又以專條規定英國得遣人由中國內地或印度入西藏，英人侵略西藏自此始。是年郭嵩燾使英。

一八八五年（光緒十一年）與英訂煙臺續約十款，規定鴉片運輸及課稅事件。

一八八六年（光緒十二年）英滅緬甸，我與英定緬甸條約五款，正式承認之。

一八八九年（光緒十五年）英滅哲孟雄王國，駐統監於哲孟雄首都，并逐在哲之西藏軍，謀西藏益力。

一八九〇年（光緒十六年）與英訂藏印條約八款，正式承認哲孟雄屬英，并規定西藏哲孟雄界線，及藏哲通商事件。

一八九三年（光緒十九年）與英訂藏印續約九款，開西藏之亞東為商埠。

一八九四年（光緒二十年）與英訂滇緬條約二十款，規定滇緬境界及通商事宜。

一八九六年（光緒二十二年）英法協約成，規定雲南四川兩省權利，英法共享。

一八九七年（光緒二十三年）與英續訂緬甸條約，規定開騰越思茅梧州三水等處爲通商口岸，又許滇緬鐵道相銜接。

一八九八年（光緒二十四年）是年二月，英向我提出重大要求多款：(一)沿長江各省土地，不得租借割讓與他國；(二)開放內河；(三)長沙開埠；(四)總稅務司永聘英人；中國一一允之。六月，英又藉口法租廣州灣，强租九龍，定九十九年歸還；七月，藉口俄租旅順，又强租威海衛，定二十五年歸還。且於是年旣以福公司攘奪我山西之採鑛權，同時又奪我山東南境浦口間，山西河南襄陽間，九龍廣州間，上海南京間，浦口信陽間，蘇州杭州甯波間，山海關牛莊間各鐵路建築權，其勢力實已布滿中國本部。

一八九九年（光緒二十五年）俄國以比國股分公司出面，攫我京漢鐵路建築權，勢力及於長江流域，於是英俄協約，規定長城以北爲俄國建築鐵路範圍，揚子江流域，爲英國建築鐵路範圍，彼此不相侵犯。

一九〇〇年（光緒二十六年）英國參加八國聯軍，破我天津北京。英得我賠款五千萬兩。

一九〇二年（光緒二十八年）英日同盟，以擁護兩國在華之利益。英且承認日本在朝鮮之特殊地位。

一九〇四年（光緒三十年）英兵攻西藏，據拉薩，達賴十三逃青海，班禪額爾德尼及噶爾丹寺大喇嘛，與英結搆和條約十條，增開江孜噶大克爲商埠，幷撤西藏沿邊一帶之礮台山塞等武備，劃西藏全境爲英國勢力範圍，不許任何外國駐官或派代理人。

一九〇五年（光緒三十一年）清廷遣唐紹儀爲全權代表，往印度與英議藏案，無結果。同年，英日新同盟條約成，擴大同盟效力於印度。英默認日併朝鮮。

一九〇六年（光緒三十二年）唐紹儀與英使薩道義開談判於北京，結中英藏印續約六條，認光緒三十年英藏條約爲附約，仍承認我在西藏之宗主權。

一九〇七年（光緒三十三年）英俄訂西藏協約，承認西藏爲中國所有，兩國相約各不干涉其內政。同年我與英結試辦禁煙協約，限十年禁絕。

一九〇八年（光緒三十四年）清廷遣張蔭棠爲全權委員，與英定藏印通商章程十五條。

一九〇九年（宣統元年）中，美，英，法，俄，德，日，荷，葡，暹十國開鴉片會議於上海。同年，清廷命趙爾豐鍾穎率兵入藏，駐拉薩，達賴十三亡入印度，英保護之。

一九一〇年（宣統二年）因我褫革達賴十三名號及派兵入藏事，英駐京公使向我屢提質問。六月，英使通告我外部，印度派兵入藏，駐紮朗塘。十二月，英派兵佔我雲南之片馬。

一九一一年（宣統三年）與英訂禁煙新約，限一九一七年實行禁絕。同年清廷向英美德法四國銀行團舉行鐵道大借款，遂爲引起辛亥革命之導火線。

一九一二年（民國元年）西藏獨立，袁世凱命川督尹昌衡滇督蔡鍔征藏。英提抗議，要求中英會議另定關於西藏問題之新約，且以不承認民國相脅。同年英於片馬私立界樁，建造營房，我抗議不理。

一九一三年（民國二年）中國遣陳貽範與印度外務大臣及西藏總理大臣開會議於印度之森姆拉。同年英兵又擾片馬。

30

一九一四年（民國三年）森姆拉會議之結果，中國與英藏訂立草案十一條，換文七件，中國在西藏之主權，喪失淨盡，故未與正式簽字。同年英於片馬修築道路。

一九一五年（民國四年）袁世凱銳意帝制，英亦以歐戰故，無暇及東方，故藏案暫告停頓。

一九一八年（民國七年）藏兵犯川邊，由英領事台克滿調停，劃界駐防。

一九一九年（民國八年）中英間對於藏案仍有所協議，迄無結果，至今成爲懸案。

一九二三年（民國十二年）威海衞租約期滿。嘗華盛頓會議時，英以日本還我青島，亦聲言還我威海衛，但經交涉多次，卒以商埠範圍，管轄區域，住民權利等條件未能妥協，停頓至今。

一九二五年（民國十四年）五月三十日，上海公共租界英捕鎗擊華人，死傷數十；同年六月十一日二十三日，漢口及廣東之沙面亦有同樣之慘殺案發生，激起國人空前之對英反抗，事後提要求條件十三，至今一無結果。

一九二六年（民國十五年）九月九日，因萬流英輪與楊森部下一部分軍隊小有衝突，英艦遷怒萬縣居民，開礮轟擊，焚燬民房商店千餘家，死傷人民以千計，至今交涉尚無結果。

五、英國勢力在中國的逐漸發展

我們看上節的一個表，英國人侵略中國的步驟，顯然可以分作幾期

(一)在鴉片戰爭以前，英人還不知道中國的虛實，中國在那個時候，也龐然自大，對待外國人，一律以夷狄視之。我們只要看一看乾隆帝答英皇的兩封書，（清朝全史，國朝柔遠記，乾隆英使覲見記等書均錄得有。）便覺得那種傲岸的態度，實在是不可一世。英國人在這個時候，想要求得一個正式的通商條約且不可得，當然談不到土地的占領。所以第一期的中英關係，非常簡單，英國僅僅只有幾隻商船，偶然的出入於廣東福建浙江一帶的海面，到後來才與中國的奸商勾結，從印度將鴉片煙運來，偷

運入口。從威代爾到律勞卑，雖嘗以兵艦攻入虎門，幷窺伺澳門一帶，但畢竟沒有大得志而去。

(二)自鴉片一戰，英國的兵力由廣東，而福建，而浙江，最後乃越上海而抵南京，迫中國爲城下之盟，於是中英間的關係，乃突起重大的變化。就是其他的各國，也因英國的勝利，而均沾到同一的利益。西洋各國以兵力大敗中國的以英國爲最早，所以到現在仍舊以英國的勢力在中國爲最大，同時英國也認定壓迫中國以兵力爲最有效。當鴉片戰爭以前，英嘗要求舟山附近一小島以收藏貨物，幷求廣東附近一小地方以居住英商，曾爲清廷所峻拒，一戰而敗，乃拱手割與香港一島，使英人得於中國的南部，樹一經濟商業的中心；實於此時開始；從前英船僅能出入於中國東南沿海一帶，自南京條約成立以後，除開廣州，福州，廈門，寧波，爲正式的商埠而外，又加入上海，於是英國的勢力，乃第一步的侵入長江，及至一八五八，一八六〇年天津北京兩次的條約告成，中國的國際地位，乃更一落千丈！我們分析這兩次條約的損失，除增開口岸（鎮江，九江，漢口，牛莊，登州，淡水，潮州，瓊州，江寧，天津）賠償巨款割讓九龍的一部分而外，其最足以侵犯我國的主權，幷且爲後來一切不平等條約的源泉，以及歷年釀成種種巨案原因的，則更有領事裁判權，關稅協定制，內河航行，內地傳教，以及最惠國的待遇等等。蓋自從有了這兩次的條約，中國已經不是一個自由獨立的國家，而英人在中國的勢力也已由長江的入口，一躍而侵入了長江的上遊，同時且蔓延到了山東，直隸，奉天的一帶。

(三)光緒初年，因爲瑪加理事件的糾葛，已開英人侵略西藏之漸，蓋英國在東方的勢力，以印度爲大本營，欲求印度的安全，不能不防止俄人的南下，防俄則西藏爲英人所必爭。光緒十二年的滅緬甸，光緒十五年的滅哲孟雄，光緒末年之吞併布丹廓爾喀，擾我雲南的片馬，以及爲西藏問題與我歷次所起之爭執，皆英國勢力從西南一面侵略我國的方策。

(四)到中日戰爭以後，滿洲政府的腐敗，中國國民的無識，中國軍備的不行，更暴著於天下，於是光緒二十三四年之際，瓜分之說大倡，雖以形格勢禁，一時沒有實現，然列强已羣起而奪我沿海奧區，大連旅順威海衛膠州灣廣州灣九龍半島無不於此時一一喪失，幷且勢力範圍說也就在這個時候代瓜分說而起。英國在中國的勢力既在各國之上，所以他的野心也最大；既要求沿江一帶省分不得割讓他國，又一舉而囊括各省的路道建築權；長沙既開商埠，長江各支流也同時開放；尤其使我們國民應該痛心的，便是攘奪中國的海關管理權。原來中國的海關管理權自赫德以前，本來已經逐漸的落於英人之手，他一面既足以操縱我的對外貿易而予特別便利與英人，一面又利用海關收入的存款以把持中國的金融市面幷且到後來一切賠款公債等擔保，無不仰給於海關，於是這位總稅務司，乃逐漸居於中國財政的最高地位，使中國政府的一舉一動，不能不仰其鼻息。所以自這期以後，不僅英國在長江流域的勢力已穩固而不易動搖，同時且深窺中國的堂奧而與聞中國的內政了啊！

（五）英人在中國的發展，在美國勢力未澎漲以前，其最大的敵人實惟日俄兩國。英國人一眼看定日俄在遠東的衝突，遲早必要爆發，幷且深覺得與其自己和俄國直接衝突，不如假手日本爲妙，於是幾經審愼，一九〇二年的英日同盟遂告成功。由這個同盟的結果：第一是使日本大敗俄人，取得遠東稱霸的資格；第二是朝鮮歸併日本，使日本由島國一變而爲大陸國，而中國的東三省更受着日本的威脅；第三是使俄國在遠東與英國爭霸的可能性減低，而英國在西藏在印度的地位更趨穩固，第四是使歐戰時代日本加入協商一面，而英國在東方的殖民地得着日本兵力的保障。同時日本的奪取膠澳，及太平洋內德國的幾處小島，乃至以哀的美敦書迫我承認有名的二十一條，以及後來中國在凡爾賽在華盛頓兩次會議的失敗，也幾幾乎無一不是英日同盟之功，從這些地方看，我們就說給中國壓迫最重的，就是東西洋兩個島國，也不爲過。

(六)去年的五卅慘案，和最近的萬縣事件，我們死難同胞的血還沒有乾，骨還沒有寒，一切經過的情形，應該永遠留在我全國國民的腦中，用不着我多說。不過有一點應該爲我國民所知道的，就是去年英國人在上海的開鎗，和最近在萬縣的開砲，這幷不是英國人一種臨時的應付，實在是他對待一切殖民地的傳統政策，我們只要看他對付南非，對付愛爾蘭，對付印度，便可領畧英國人的這種精神！質言之，英國應付强者，惟有運用他那巧妙的外交手腕，對付弱者，惟有實施高壓而已。

六、結論

想說的話，差不多在上面的幾節已經說完，現在在我的結論上，只有幾句簡短的話貢獻給讀者：

第一英國人外交手腕，極沈鷙而堅忍，雖以富於縱橫捭闔之斯拉夫外交家當之，亦有遜色。中英近百年之交涉，無往而不失敗者，此爲一大原因。今後中國之外交，須師法英人，以彼之矛，攻彼之盾。凡便佞善柔之外交家，當屏斥不用。

第二英國人所以能造成今日在世界的這種局面，亦自有他的特長。第一是任事的堅忍，第二是眼光遠大。所以他才能長駕遠馭，歷久不衰。但中國亦具有堅忍之持長，今後對英應努力堅持，勿逞意氣，持一正當策略，歷久不更，或有勝利之可言也。

第三英人勢力雖强大，但英國的土地在歐洲者僅三一四·〇〇〇方公里；他的殖民地，差不多百倍於本土。其本國的人民僅四千五百萬，而大不列顛帝國殖民地的弱小民族，乃十倍之。歐戰而後，弱小民族都思獨立；加之世界列强忌其强盛，幸災樂禍自是當然的事。故中國欲由英人手中奪回巳失去的權利，力謀國家之獨立。苟善用外交手段，不患沒有同情的聯手，和牽制英人的勢力。

第四國人應認淸對英外交，是極艱巨的事。國人苟能出全力做對英交涉的後盾，用穩健的手段，秉堅持的毅力，終可獲得勝利。對英交涉果能勝利，其餘中國國際問題不難迎刃而解。因爲英人實在是中國外交上最難應付的對手。攻堅能勝，不堅者，自易爲力矣。

一五，一二，二〇。

民國十七年三月印刷
民國十七年三月發行
民國十八年十月再版

中英關係畧史（全一冊）

△定價銀八分
（外埠另加郵滙費）

有著作權
不准翻印

編輯者　國民外交叢書
發行者　中華書
印刷者　中華書
印刷所　中華書　上海靜安寺路二七七
總發行所　中華書　上海棋盤
分發行所　各省中華書

（四九七）

暹羅古代史

暹羅古代史

〔泰〕共丕耶達嗎鑾拉查奴帕 著　王又申 譯

民國二十四年上海商務印書館鉛印本

史地小叢書

暹羅古代史

王又申譯

商務印書館發行

王又申譯

史地小叢書

暹羅古代史

商務印書館發行

暹羅歷史演講者共丕耶達瑪鑾拉査奴帕親王

譯者序

余僑暹九年。工餘之暇。嘗研究其語言、文字、法律、政治、以及風俗習慣等等。知暹羅介乎英法兩大勢力之間。能巍然獨存。自有其生存之要素在焉。暹人爲一特殊之民族。有特殊之文化。其立國之道。卽寓於其特殊文化之中。故吾人欲明瞭世界大勢。則不可忘卻暹羅。欲了解暹羅。必自研究暹羅歷史始。矧中暹兩國。又有特殊之關係。其舉止措施。思想制度。皆與數百萬華僑有直接之利害關係耶。

共丕耶達嗎鑾拉查奴帕親王爲當今暹羅之國學大家。暹國曾亡於緬甸。一切歷史紀載。早被焚毀無遺。非有博學如達嗎鑾親王者研究整頓。則緬暹大戰以前之歷史。將成缺遺。此本暹史演講。乃達嗎鑾親王多年考察之心血結晶。其利益所及。豈止暹國學生。亦爲世界文化一部分之貢獻也。故譯之以貢留心羅暹者之探討焉。

民國十九年九月二十一日　王又申序於南京五洲公園

原書缺頁

原序

今年之初。承皇弟昭共坤宋卡那克林親王厚愛。命予至朱拉鑾干大學講演暹羅歷史。對於此事。予雖引爲最大之榮幸。然而心目之中。猶不免戒惕之意。蓋此次演講絕非依照任何現有之歷史。乃命就予考察所得闡述歷史之事實果何如者也。因予爲考察研究之一人。故對於闡述一層。尤覺疑懼。若予之考察所得確屬錯誤。則聽講之大學學生。亦將隨予錯誤。但盛意難卻。昭發共坤宋卡那克林親王既已努力援助朱拉鑾干大學。此亦予略盡職責之一道也。尤有進者。關於暹羅歷史知識。各教育機關皆缺而欠周。需事追求。予之考察間或即有錯誤。然其可靠之點。亦必大有補益於諸生。予之所以敢於應昭發共坤宋卡那克林親王之命。至朱拉鑾干大學演講暹羅歷史者。爲此故也。自佛曆二千四百六十七年六月二十八號開始。順序講起。

予於未赴朱拉鑾干大學演講之前。心頗戒惕。既演講之後。又愉快異常。暹人洋人聽者甚衆。

朱拉鑾干大學又將予之講稿。按月刊出。購閱者日夥。足以增進朱拉鑾干大學之利益。予謹將暹羅歷史講演之版權。供獻朱拉鑾干大學。以爲一種之紀念物。

目下朱拉鑾干大學校刊之主編告予。謂將裝印予之暹羅歷史講稿三章共成一册。以適應莘莘學子之迫切的需求。並囑予爲之作序。予樂而應之。但予有須爲再讀予暹羅歷史講演之諸君告者。卽歷史之知識無窮無盡。此點可於各外國歷史證明之。一國歷史無論出版若干次。總有不斷的新著出現。吾人研究歷史。不當以知其事實爲已足。欲實受歷史之利。更需探討造成此歷史事實之原因。與由此事實所產生之結果。卽以吾國歷史而論。材料已極感缺乏。因果無論。卽歷史之事實。尚須相助整理之處極多。希望此書出版之後。能引起研究史學者之興味。以從事於努力探討。果如此。予將更覺欣幸。並已得在朱拉鑾干大學演講暹羅歷史之酬報矣。

佛曆二千四百六十八年正月十一日達嗎鑾拉查奴帕序於哇勸迪宮

目錄

暹羅古代史

第一章　汰族及蘇口胎京

第一節　汰族入主以前之暹羅

一

今日之暹羅及其東西毗連之鄰國。原為三個民族發祥之地。一民族曰考木。或稱喀民。（外人稱之為考木。其人自稱曰喀民。）居於暹羅之東南。即今日之柬埔寨地方。一民族曰猺。即吾人口頭上所呼為臘娃者。居於中部。即目下之暹羅各省。猺人地盤除暹羅各省之外。復伸張至崆江東北兩方。其時馬來半島及烱攀與那坤希他嗎辣二省以南之地。因沿近海岸。外人之往來者較多。尚有多族雜處。如猺族哦族馬來由族。以及他族人等。至於蠻族。（即中國人所稱為汝子者。）尚居處於班塔山之西北。即為今日之緬甸南部。考木猺蠻三族人民之體態幾同。言語亦相似。原始或為一個民族。後分為三。亦屬可能之事。

二

暹羅歷史以狫族居處之地為本位。考木與蠻族所居之地。不過連帶述之。因此本回講演乃以狫人居處為主要成份。照今日已得推知者。狫人居處共分三個區域。在南段者有現在之京畿省、阿叻他亞省、那坤差希省、拉查布里省、那坤薩晚省、毗司奴露省巴金省、（占布里省或亦在內。）共為一區域名曰塔娃勞狄。大概以今日之那坤巴通府城為首都。又一區域位在北方。即現在之帕呀甫省。以及崆江以北之黎懇等地。共成一區。名曰央。或稱綠歐區域。以銀央為首都。即目下沿江之青傘北方也。又一區域在東方。有現今之那坤拉查希馬省、烏丹省、雷奈省、烏奔省、至於崆江左岸合成一區。名曰冠達臘奔。或稱帕農區域。首都即設於崆江沿岸之帕農城。據研究所得。狫人居處既如上述分成三個區域。各區自有其統治者。彼此均屬獨立。時戰時和。更有時因姻屬關繫而修盟好，史紀中所載洛帕布里太守。曾許其生女與蠻區之王子締婚。後始於佛曆一千二百年。統有里盆柴城。即目下帕呀甫省之蘭攀城。其一例也。

三

雖昔在彼時。外人往來貿易。及一國之人遷徙別國之事。固已有之。各國地方狀況所影響於人民之生活者不同。內有魚米豐登外無強敵侵擾的國家。其人民求生容易。自不欲無故徙居別國。但人口衆多魚米不敷分配及強鄰蹂躪人民難於自安之國家。謀生之道惟艱。其人民自多移居他國。或暫時貿易或永久居處而變爲彼國之人民。此等現象至今猶然。當暹羅地方尚爲狫人佔有之時。異族之往來混處者極多。但歷史上之關係最重要者。厥爲自北南來之汰族。與夫從西徂東之印度民族而已。汰族來暹之經過情形。將於第二節中論之。此處先述印度民族。印度民族之所以居重要位置者。因其先期開化。道德學術遠出暹地之上。因此緣故。印度人之徙來者。常爲當地土人師傅。蠻、猓、考木、類皆如此。

印度人之遷來此等國家者已兩千年。來居老(狫)土者。一路自印度登船。在薩拉溫河口上陸。路徑麥騷。取道噠戈城。一路取道三塔。至干金布里。又一路自印度乘船至瑪黎度達闊希。

陸行。越與堪嶺沿叻島海岸。印度人古時之來居是土者。在南方亦有兩途。一途自目下之達果巴越素辣他尼府之差亞縣。一途踰賽城至巴達尼省。此外仍有一途。係乘船繞馬來半島而來者。追踪求跡。得知那坤巴通爲印度居處之重要城鎮。此外復有碧布里、拉查布里、塢堂、及洛帕布里等城。蘇口胎與那坤烱（卽甘烹碧之西邊）兩城。或亦在內。在馬來半島方面。則住於差亞橋、那坤希他嗎、辣賽布里、及巳達尼等城。至於寇達臘奔、或帕農境內之印度人。果居何處。多未敢必。所可知者。祇有帕農一城。央或蘇歐境內之印度人居處何地。至今未悉。

印度人之徙居考木者。皆來自海道。自印度南部。搭船繞蘇門答臘及爪哇兩島。直抵崆江之口。印度人萃集之地爲占巴那坤。卽吾人口中所常呼爲占木城者。在越南境內徽城之南。臨近海岸。及後來建設阿叟吞首都。那坤通之大湖湖濱。與夫仙辣境之那坤死特等城。蠻地方面。印度人之來居處者亦有數城。如卯達嗎海灣之撒滕城。與堵娃勞狄河中之浪公城。皆其例也。印度人雖在上列之城鎮中安家立業。但仍時常與其祖國交易往還。以致來者日夥。引印度之風俗習慣以敎授當地土人。爲時至一千年之久。印度人傳於考木、猪、蠻等區之文化。

種類繁多。茲僅就其較爲重要。關繫後世。如宗敎、法理、工藝、文學等一舉列之。

四

宗敎　根據所得憑證。佛敎之傳來。印度人實創其首。宗敎史上紀載有云。當佛曆三百年之時阿輸迦護敎皇帝定以佛敎爲印度之國敎。曾欽差敎使公使赴亞細亞、阿非利加、及歐羅巴等洲。闡揚佛道。來暹宣傳之敎使二人。一名帕箏、一名帕烏丹。佛敎自彼時傳來。猪、蠻、考木、之民卽虔誠信仰。以至今日。其後印度國內又崇奉帕伊箏及帕哪賴之宗敎。合而稱之曰婆羅門敎。印度人亦有來暹宣揚者。佛敎與婆羅門敎之根本異點。卽佛敎主張世界上之人類。不論何種何族何爵何位。以及別種假定之相異差點。一切行爲皆須自負責任。福禍功罪之來。惟依自我之招致。菩提僧徒以及佛門弟子。要不過闡明佛道之人而已。道云者。人類所應尋求之至德至善。所以指示吾人正途者也。宣傳佛敎之大師。絕不肯使宗敎與政治互相混合。婆羅門敎則不然。相信世界上人類有生之初。卽分等級。以武士及婆羅門階級爲最高尙。係生而爲人君主者。商人階級列在中等。惟農奴乃爲至下。所以供人驅使之用者。又云帕伊爭及帕哪賴。在天上爲至尊。其權足以禍福世人。人之行爲能中神意者則酬之以福祿。違神旨者則報之以禍殃。人之禍福一秉神意。君主爲一國之至上。或賞或罰一任君意。君主者乃神統治萬民之代表也。惟婆羅門教徒能通曉神性。宣揚神旨。爲祭奉時神之代表。以懇求神恩。兩教宗旨既然不同。傳來之後。其所發生之影響自當差異。佛教適於道。使所有人類不分等級。一律篤信。婆羅門教偏於俗。上級之人奉之以求私利。用之以爲統制工具。至於常人只有懾於教威。絕非崇奉教義。一如佛教。兩教自古並傳至於今日。

五

法學　印度人所傳授之法學。卽統治國家之方法與體制。此層至今猶可於印度人用印度地名以名暹地一事窺其端倪。如碧布里、拉査布里、素灣蒲木、洛帕布里、阿吻他亞等皆可爲證。制度風俗之係自印度傳來者。亦有數種。四世御著之十二月皇家典禮書記錄頗詳。如薙髫式、婚禮、喪儀、以及焚屍禮等。固今日猶存者。其最重要者。爲暹國古代法律。亦係婆羅門教徒自印度傳帶而來者。

工藝　如佛教式及婆羅門教式之塔。他如言語中所用之嗎柯文及梵文。亦皆彼時自印度傳來者也。

文學　此帶諸國所書所讀之文字。其格式亦模彷印度南方之柯嵛文。考察古代碑文。足資證明。彷來之後各國復自逐漸改革。終至變成今日之考木文及暹羅文字。

印度文化之傳來。絕非一朝一夕之工作。前前後後計約千年。各國人民皆尊仰婆羅門教徒以爲政治制度之導師。希阿呦他亞京時代。印度之婆羅門教徒尙充太師太傅之職。至叻特哪勾辛……本朝。此職始由暹人或暹人中之婆羅門教徒代任。雖在今日。堂皇如加冕大禮之時。仍稱婆羅門教徒之首領爲太傅。

六

以後將講述史事。老（猧）及考木兩國地位之所以增進者。因在佛曆六百年間。曾有一印度人做考木國王。緣有印度之婆羅門教徒名軍譚亞者。曾與考木之女丕耶締婚。此後考木王族遂變爲印度人血統。印度人乃攫有統治考木之全權。印度人之文化程度較高。考木亦因之比鄰近諸國格外富强。佛曆一千一百年間。寇達臘奔之國勢衰微。內亂頻起。遂被統治考木之印度人所吞併。印度人旣滅寇達獵奔。勢力益張。不久又吞滅塔娃勞狄。至佛曆一千五百年間。更拓張領土至綠歐地。於是老人之地。遂盡爲考木吞滅。

七

考木自吞併老地之後。乃分爲二區以治理之。塔娃勞狄及寇達臘奔二地接壤考木。考木人自統制之。先築官路以便與考都亞叟吞交通。一自山谷至寇達臘奔之高原。一向洼地徑巴金布里至臘武（洛帕布里）。然後沿薩咯河直抵毗司奴露、蘇口胎薩丸、咯露、等地。在東方似亦曾築路。自洛帕布里邊境起徑過塢堂、拉查布里、至碧布里爲止。往來之交通旣便。更進而在各重要城鎭設立統治機關。所到之處徵募人民建築考木式塔。雖在今日猶常於佛教及婆羅門教寺院之中見之。卽吾人口頭上所呼爲石宮者。石宮之建築有用琅石（譯音卽粘泥石）者。如洛帕布里城中之三尖塔。與碧布里城中之琅璧寺皆然。有用沙石者。如劈邁城與那坤拉查希馬府之佛寺。皆足爲證。總之建築地點易得何石。卽以其石築之。建築物之大小雖殊。然其格式體態以及花紋等等。則一律相同。使人一見而知其爲考木匠人之工藝。然亦有一可異之點。卽考木人無論在何時何地。建築之大小寺塔。從未見有工程完竣者。據觀察所得以爲必係考木人所信奉之一種習慣。卽以建造石宮爲國家吉祥隆重之舉。有權與力者始克勝任。故在權力未滅之時。必時常建築以爲宣揚國家富强之憑藉。一旦國家多難。或被强敵擄奪其人民。或被鄰國吞滅其土地。石宮之建築遂不得已而停工。考木人在各城各鎭所建築之石宮無有竣功者。緣故在此。考木人之建築石宮。對於後世之考古學者。有兩重之利益。第一。可藉而推知當考木人統治暹地之時。曾在何城何鎭設立政府機關。因凡考木人設立統治機關之地。必建築石宮以爲表徵。第二。可用以推知彼時何處爲重要城鎭。凡在重要城鎭。其所建築之石宮亦必較大或較多。洛帕布里城卽爲例證。次要之城鎭所建築之石宮必較小尠。如碧布里府之琅石寺亦足爲證。其他一切小城。石宮之建築亦必極小。如薩丸喀露之敎占寺卽其一例。考察石宮。知考木人統治老地時之重要城鎭。在寇達臘奔區域以內者。有窟砍城。素粦城。皆在今日之烏奔省內。有娘朗城。劈邁城。及耶坤拉查希馬城。

皆在今日之那坤拉查希馬省內。又有烏丹省內之薩軍那坤城。在昭丕耶河下游。臨近東邊海岸者。有占布里城、巴金城、那坤哪吻城、洛坤布里城、希台甫城、（在碧奔府維琴縣薩咯河濱）及蘇口胎城。臨近西邊海岸者。據調查所得。有塢堂城、（此城中之古物尚多藏埋地下。未經挖出。）拉查布里、碧布里城、而以洛帕布里為京都。係副君統治塔娃勞狄全境。發施號令之地。至於寇達朧奔境內。副君都城。其為劈邁。或設於其他城鎮。尚未敢定。考木人管轄昭丕耶河流域上游。以嵯嶺城為終點。再北卽今日之帕呀甫省。則隸緜歐境內。雖亦服考木。但不過為一自治之附庸而已。非任考木人統治之也。考木人佔有之老地。仍以老人為主要成份。考木人則不過盜做主人而已。此層猶可從劈邁城中之石宮及蘇口胎城中之帕碑鑾寺。四週之牆壁城樓證明之。觀其建築方法。顯係防備發生叛變時自衞之用者。考木人統治老地之全盛時期。幾二百年。後為緬甸人所滅。

八

至此須回頭略述蠻方故事。蠻國建於哎勞狄河之南段。下至薩拉溫河流域。及海濱抵塔歪城。哎勞狄河流域之北段原爲緬甸人食釣之地。緬甸人爲西藏人血統。一如蠻族之爲考木及老人後裔。緬甸人漸次侵佔蠻地。至蒲金城。遂設都焉。至佛曆一千六百年間。有緬甸君主。即歷史上所稱爲阿奴魯王或阿偶拉塔莽初王者。聲威大震。盡吞蠻人所有之地。復師越大山。征服綏歐及塔娃勞狄兩國。至於洛帕布里城。據歷史所載云。阿奴魯王曾吞併考木全境。但此點至今尙缺古物上之證明。未敢卽信。所可知者。阿奴魯王曾消滅考木人在綏歐及塔娃勞狄兩地之勢力。緬甸人統治兩地至二百年之久。阿奴魯王吞併兩地之後。添設重城多處。在青邁地址設立一城名曰拉明城。又按照印度菩提迦耶城菩提樹下寶塔式樣。建築七尖塔寺於蒲東及拉明兩城。而在拉明者尤屬重要。緬甸勢盛。考木在老地之勢力因之日衰。後來緬甸人勢力亦衰。考木復據塔娃勞狄區域。再後考木與緬甸俱衰。汰族乃得乘機獗起。其詳情將於下節申述之。

第二節　汰族入主時代之暹國

一

汰人在佛曆紀元以前早已成爲亞洲東部之一大民族。雖在今日。汰族除暹羅國外。雜居別地者亦夥。中國沿邊各省、東京、緬甸以至於印度邊陲之亞山省皆有汰人。惟其名因地而殊。有呼爲暹羅人者。有呼爲老(狫)人者。有呼爲長人者。有呼爲巉人者。有呼爲獟人者。有呼爲黎人者。有呼爲懇人者。有呼爲禽狄者。有呼爲阿洪者。有呼爲浩人者。而照原名呼爲汰。或淘者。間亦有之。以上所列名雖各異。然其爲汰族也則一。操暹羅語言。亦自認爲汰人。據歷史所傳。汰族初發源於中國之南方。如雲南、貴州、廣西、廣東、四省以前皆爲獨立國家。汰人散處各地。中國人稱之曰番。至於汰人放棄故土。遷徙緬甸、及猺、蠻等地之原因。實由於漢族之開拓領土。據歷史所載。約於佛曆四百年間。劉備在四川立國。孔明起師征伐番地。孟獲以向西拓張其疆域。此段紀載。卽爲漢族南征汰地之紀載。汰人既無力與漢族抗衡。又不肯受統治。不得已而移居西方。另闢新土。一部份沿崆河流域(卽現在之薩拉溫河)入緬甸。抵亞山省內。名曰大汰。(今日稱曰獟或巉。)另一部向南而移。抵東京及崆江以北之十二朱汰、十二板那等地名曰小汰。實爲暹羅汰人、及青冬青龍、黎人、懇人之始祖也。汰人雖失其發祥故土之大部份。但非盡亡。尚能保存一部份原有土地。維持獨立局面至數百年之久。據中國方面紀載。謂汰人之五個獨立區域合成一國。時在唐朝。稱之曰南詔。南詔王國都昂賽。即今日之雲南省大理府。南詔之汰人。素稱强悍。曾多次侵入唐地及西藏。但終於佛曆一千四百二十年間。與唐朝和好。南詔之王曾與唐朝之公主締婚。自此以後。王族之中。遂雜漢族血統。汰人亦逐漸忘卻其風俗習慣。而同化於中國。雖則如此。汰人尚能維持獨立局面。直至元始祖忽必烈可汗在中國即皇帝位。始於佛曆一千七百九十七年。調動大軍。征伐汰國。至入緬甸境內。自彼時起以至今日。汰人原有土地乃盡淪落。而變成中國領土。

二

自小汰放棄故土遷居東京及與老（猪）北接壤之十二朱汰、十二板那、以後。復有一部份爲貿易或尋求樂土起見。遂渡崆江而南。冀得較肥之地。其流至無主荒地者。則組織獨立團體。流至別國境內者。則變爲該國之人民。久而久之。老地汰族乃益繁殖。

三

當緬甸與考木互相攻殺。爭奪老地之時。雙方勢力俱浸已如上述。其時十二朱汰內之汰人日益强盛。有英武之國王一人名曰婆羅門王。率師逐除考木。奪回老人之故地。直至嵯嶺城。（卽今日之薩丸喀露。）增擴領土至兩省之廣。隆帕邦城、棨珍城、以及烏丹省之北段。共成一省。名曰蘭昌。（意卽象場。或亦其地多象也。）一省爲今日之帕呀甫省。名曰蘭那。（意卽田場。或因其地可耕。故有是名。）自彼時起。兩省卽爲汰人所有。考木之副君都城。尙設於洛帕布里。蘇口胎城。尙爲邊陲重鎭。但考木人之勢力衰弱。無法驅逐蘭昌蘭那兩地之汰人。乃不得不採用優柔政策。對於移居薩咯河北段之汰人。封爵賜官。其用意所在。不過使汰人不叛。二省永屬考木而已。間亦有封爵僅做附庸者。

四

如前所述。佛曆一千七百九十七年。元始祖忽必烈可汗大軍征伐汰人。汰人旣受侵擾。放棄故有土地。遷徙而南者日多。蘭那之汰族因之勢力大振。不再受考木人之任意宰割。乃起而反抗。時有權如附庸之太守二人。一爲帕龍王族之邦央太守邦鋼套。一爲辣得太守耙蒙會師進攻蘇口胎城。與考木人激戰敗之。遂於佛曆一千八百年佔領考木北方重鎭之蘇口胎城。然後共推邦鋼套在蘇口胎城卽王位。稱曰希因他拉蒂王。此實爲暹羅國內汰族之第一個君主。

五

當希因他拉蒂王在蘇口胎京宣佈立國之時。考木人尙在洛帕布里存有一部份之實力。洛帕布里又稱羅。塔娃勞狄區域至此遂分爲二。中國方紀載稱在南方尙屬於考木者爲羅斛國。係採羅地之意。至於北方已隸汰人之蘇口胎。則名曰暹國。取在暹國境以內之意。其餘如 Siam 之一字。乃爲近代始有之名詞。外人稱暹羅曰 Siam。 但汰人自稱曰汰國。或蘇口胎京。 Siam 一字原屬梵文。因此疑 Siam 一名。亦係由印度人首先稱呼者。中國外國之人亦不過依聲稱呼而已。照字意講。 Siam 一字有兩種解釋。一曰棕色。二曰黃金。用之於人種。意卽其人棕色。用之於國家。意卽其國多金。據外國之考古學者推測。 Siam 一名。

原以稱呼南部汰人者。大汰（獠）之住於緬甸境內者爲嶓。嶓字恐爲 Siam 之變形。積時日久。音調轉變。乃成爲嶓。但持論反對者亦大有人在。謂汰人皮膚比之考木、老人、潔白許多。故棕色之解釋爲誤。又因暹國產金。故多金之說較爲近情。此層更與教史中所載阿輸迦王派遣教使二人至素灣蒲木（意即產金之地）宣傳教義之說互相印證。更覺吻合也。

第三節　蘇口胎京之全盛時代

一

暹羅自希因他拉蒂王在蘇口胎京宣佈獨立以後。國境狹小。重要城鎮只有蘇口胎與嵯嶺兩城。皆爲京都。此外則不過尙有沿蘋、蓉、楠、薩、咯、等河若干之附屬小鎭而已。國境北以達哥城、甫賴城、爲極邊。南以北欖坡之帕邦城爲終點（卽今日之那坤薩晚城）。國家人民及軍旅兵力。皆甚寥落。據碑文所載。巧德城太守（現在達哥府西邊麥騷境內已爲廢城）坤三秦。竟因此强悍不馴。拒絕接受蘇口胎京節制。起兵侵犯達哥城。（在汪河口西岸、距蘇口胎京兩日路程。）希因他拉蒂王率師征討。先被坤三秦擊敗。幸其幼子勇武善鬬。親與坤三秦象搏。巧德兵始行潰敗。

希因他拉蒂王后名楞生三子。長子早夭。次子名般蒙。幼子當與坤三秦象鬬之時。僅十九齡。希因他拉蒂王因紀念其戰功。錫名曰帕拉嗎克摩項。希因他拉蒂王歿於何年何月尚未能考察確鑿。所知僅當希因他拉蒂王逝世之後。長子般蒙（嗎叩語般辣）即位。封其弟帕拉嗎克摩項為副君。駐節嵯嶺故址北面新建之希洒那萊城。般蒙王在位不久亦薨。其弟帕拉嗎克摩項乃即王位於蘇口胎京。

二

拉嗎克摩項王大約登極於佛曆一千八百二十年間。在蘇口胎朝中為第三世君主。對於國家業隆匡濟。既孔武善戰。又能統治國家。富於政治天才。在暹羅君主之中。實為首屈一指。其名自為十九齡之太子時已著。一介孺子。敢與敵軍之主帥象搏。既能解救父王。逃脫危險。又復反敗為勝。而以犂庭掃穴之手段擊潰敵人。自彼時起。善戰之名已震遐邇。更曾在希因他拉蒂王時代。般蠔時代。及其本人卽位以後。親統大軍討伐强敵。以擴張蘇口胎京之領土。關於拉瑪克摩項王在位時之功績在暹外各國之碑文古書之中。皆有紀載。勞苦功高足資記聞之事跡極多。茲爲節省時間起見。僅擇其較爲重要者一舉述之。

三

茲先述其對外政策。當蘇口胎京起初成立之時。暹羅尙爲一弱小國家。與其勢力相等之諸國爲鄰。如在北方蘭那一帶（卽今日之帕亞甫省）由汰狫二族所組織者。尙有多國。蘭那之汰人雖曾與蘇口胎京之汰人聯合。從考木人手中奪下蘇口胎城。但自蘇口胎京成立自主國家以後。北方之汰人依舊崛强不受駕御。南方之考木人亦在洛帕布里府佔有相當之實力。拉瑪克摩項王當國期內。蘭那汰族之中亦出兩個能人。一爲銀央（在今日之靑傘北方）太守丕耶明賴。一爲帕天（在今日之蘭邦北邊）太守丕耶安蠔。據蘭那歷史紀載。謂丕耶明賴、丕耶安蠔、與拉瑪克摩項王三人曾同師受敎。幼時卽相友好。彼時丕耶明賴生集訓練。實力充足。遂建築靑萊城以爲國都。然後吞滅鄰近小邦以向南伸張其領土。佔據里盆柴城（即今日之蘭盆。）進窺蘭邦。吾人試翻閱地圖。立知丕耶明賴勢力之南侵。實足以限制蘇口胎京向北發展之機會。拉嗎克摩項王固非怯者。對於此事似難容忍。必至於發生爭鬬也。但事實絕未如此。拉嗎克摩項王對於丕耶明賴之勢力南侵。非但未加阻梗。反而增加其友誼態度。至於佛曆一千八百三十九年御駕北上。與丕耶安蒙共同幫助丕耶明賴築造青邁城。以為南部都城。推其緣由。或因拉嗎克摩項王大政方針。在驅逐考木人以向南發展其國土。而不忍與汰族之人自相水火。是以優容丕耶明賴至於此極也。又有一層。當彼之時。蒙古人入主中國。曾吞滅汰人舊有之地。其勢力之伸張至於緬甸境內。中國方面實有援助蘇口胎京南北二敵之力量與可能。拉嗎克摩項王有鑒於此。是以元朝之時。中國於佛曆一千八百二十五年遣派使臣至蘇口胎京聯絡感情。拉嗎克摩項王即刻與中國盟好。拉嗎克摩項王之對外政策。惟其如此。始能擴張領土。未遇阻礙。

四

暹羅國境。當拉嗎克摩項王在位之時。銳意經營。伸張遼闊。據碑文所載。南方諸國。直至馬來半島。皆被平滅。西方盡呑蠻人之地。至於鴻掃瓦狄城。以爲附庸之國。東北復將暗城、鑾帕邦、城、榮占城、榮堪城、併於暹羅版圖。彼時考木人所有之地。想亦不過那坤拉查希馬省、烏奔省、占布里省或亦在內。但拉嗎克摩項王經營北邊。則儘至蘭邦而止。其緣故由於與丕耶明賴、丕耶安蒙友好。如上所述。雖則如此。拉嗎克摩項王之國土。實爲暹羅歷代疆域之最廣者。且爲後代汰人之世襲的大部份產業也。

五

當拉嗎克摩項王時代。國境既寬闊如此。然其政治爲何。碑文古書之中。皆無紀載。但亦解稍從舊文及流傳至希阿呦嗒亞京之風俗習慣。與夫已經發現的古物之中。窺知梗概。彼時之政治。以保衛國家爲基礎。故其政治方法完全採用軍制。國中成年男皆爲兵士。統治國民之貴族官吏等。亦屬軍人。由國王自任主帥。官吏循序而下。分任軍長、千夫長、百夫長、以及棚目等職。國家昇平之時。彼此謀求生活。互以文治方法統理一切。一旦戰爭事起。則實用軍制。徵兵之法。亦按地分區。被徵之地。其行政長官及其隸屬官吏。與夫當地居民。立刻組織成軍。至於統轄權限。亦照地而分。國都及近畿各省。合組一軍。名曰皇家大軍。依照彼時地名。蘇口胎爲國都。近畿各省有副君駐節之希薩那賴城。職同前鋒主帥。地位幾與京師相比。東面有銅央城（在石磯一帶）邦庸城（現爲庸河舊道附近之荒城。）宋考城（即毗司奴露。）洒鑾城。（即皮吉城。）南面有帕邦城（即那坤薩晚城。）砍蒂城。（在甘烹碧之半坤地方。）西面有達哥城。上列諸地稱曰畿內各城。距京師稍遠各省名曰丕耶嗎哈那坤。即畿外各省之意也。各城之屬地多寡不等。其太守則有爲王族者。有爲官吏者。職位與軍長相同。在戰事發生之時。畿外一省自成一軍。拉嗎克摩項王時代之畿外各省。大約在南方者。有蒲萊咯城（傘布里、）素攀蒲木、（塢堂、）拉查布里城、碧布里城、達惱希城。北方有坡賴城。東方有鑾城、碧奔城、希台甫城。以上所列之畿內畿外各城太守皆屬汰人。至於接近邊陲距離更遠之城。其居民多屬異族者。則爲附庸。其太守多以該族之人充之。其統治權力一如國王。不過須按期到蘇口胎京納貢。及國家多事之秋。出兵助戰而已。拉嗎克摩項王時代各附庸之國。據已得推知者。南有那坤希他嗎辣、馬六甲、查河。西有塔歪、毛大馬、及鴻掃瓦狄。東北有南城、臊城、（即帕邦鑾城。）欒占城、及欒堪城。

六

蘇口胎京時代。對於宗教之提倡。又如何耶。欲研究此問題。須先述佛教傳來暹羅之經過。此事於前節中已曾提及。有云佛教之傳來暹羅。實始於阿輸迦王之於佛曆三百年召集僧曾。彼時之教派。後人名之薩吾咯岩派。或稱小乘派。佛教奉爲宗主之三藏經。係用嗎柯文佛教之小乘派盛傳於暹羅錫蘭二國。阿輸迦王宴駕之後。在印度又發生一派佛教。名曰大乘派。將三藏眞經改用梵文。大乘派佛教亦曾傳至暹羅。惟能盛行於中國。汰人在舊有故土之時。早已信奉佛教。其後遷移此邦。復遇大乘教派。汰人以其與舊日信仰無異。遂亦信奉之。其時在印度方面大約自佛曆一千二百年起。佛教信徒先受婆羅門教徒欺凌。後遭回教信徒之壓迫。印度之佛教遂至衰落。已奉佛教之各國。又各持門戶之見。至佛曆一千七百年間。錫蘭之博勒共帕虎護法大王。始在錫蘭復興小乘派之佛教。日與月盛。方普及至於暹羅、汰蠻、喀民、篤信佛法之僧徒。且多至錫蘭習經剃度。爲錫蘭僧侶。然後返國。在那坤希他嗎辣組織團體。拉瑪克摩項王似亦曾親幸那坤希他瑪辣。與諸僧相會。因其篤信奉法。乃發起在蘇口胎京設立僧省。以爲汰僧剃度之地。此卽今日嗎哈岩（摩訶衍）派僧侶之始祖也。暹羅之與錫蘭發生邦交。亦自拉瑪克摩項王爲始。拉瑪克摩項王時代又曾自錫蘭得來菩提希杏佛像。（現陳暹京博物院內。）

七

當彼之時。蘇口胎京中以及沿昭丕耶河（卽中國人所謂之湄南河）流域之居民。當中有汰人、猪人、考木人、以及三族之混合血種。猪人因久與考木人雜居。爲數漸少。除所舉本地土人之外。中國亦自拉瑪克摩項王時代起首。開始移居來暹。證之碑文。勒記拉瑪克摩項王之理國治民。雖至今日。猶堪稱羨。如鼓勵居民。使城與城交易。國與國通商。取消阻礙交易之釐金局。使在中途之中不得徵收貨稅。又設種種方法援助農民。使得安居樂業。不受剝奪。更躬自負責主持公道。以減除人民之痛苦。命在宮門之上懸一巨鐘。被屈含寃須訴御狀者可隨時擊巨鐘以達上聞。此制實開叻嗒哪勾辛本朝擊鼓鳴寃辦法之端倪。彼時文字在國民之中尙未能普及。人民之伸寃訴苦者皆可往擊宮前劍房中所置之大鼓以動聖聽。後來文字家喻戶曉。始有今日須以公文上訴御狀之規定。不止此也。拉嗎克摩項王又曾躬爲表率。引導人民作功德。守佛戒。聽聖敎。嘗在糖樹林中設一石臺。當禮佛及薙髮之日。命僧人升臺闡揚佛法。平素該王自己在石臺之上處理國務在露天羣衆之中辦理政事乃爲汰人之原始制度。至希啊呦嗒亞京國王出席大會之時。當升座傍廳會衆須露天朝見。即叻嗒哪勾辛本朝在安樂宮中。亦設傍廳以爲露天朝見之所。此實爲蘇口胎京之遺制也。

八

在拉嗎克摩項王各種創造之中。其最福利後世者。厥爲佛曆一千八百二十六年間。暹羅文字之創造。前此當地之人。多採用印度南部之柯倫文字。改造之後。漸變爲考木文。考木文可用以書寫巴里梵語、考木語、及蠻語。書寫汰語則殊感不便。因其無註明高低之聲號。音標亦嫌太少。不足以供書寫汰語之用。拉嗎克摩項王乃創造新字。聲號音標。適於汰語。文字之形狀。亦較考木易書。因此遂發生所謂之暹羅文字。但拉嗎克摩項王所發明之暹羅文字、字母音標書於同行。其後復有人漸次改良音標位置。採用考木文書法。有在字母之前。有在字母之後者。有在字母之上者。有在字母之下者。一如今日通用之暹羅文字。拉嗎克摩項王之創造文字。雖在當時亦認爲利人足稱之事。因發明不久。暹羅文字卽能於最短期間普及國內國外。

九

除以上所述者之外。尚有一事足以表示拉嗎克摩項王之英明者。卽曾兩次入中國是也。中國方面之紀載極爲明晰。佛曆一千八百三十七年到中國一次。至佛曆一千八百四十三年又去中國一次。據暹羅歷史所載。暹國君主之曾親歷異邦，謀修盟好者。只有二人。一爲拉嗎克摩項王。一爲叻喈哪勾辛本朝之朱拉鑾干拉瑪第五世君主而已。拉嗎克摩項王之往中國。係負何種任務。回來之時得到多少成績。尚多未明瞭。據今日之已得推知者。只拉嗎克摩項王曾帶來中國磁匠。以燒製杯碗出售。其磁窰有設於蘇口胎京者。有設於希薩那賴者。拉嗎克摩項王時代所製造之杯碗。人皆呼之爲桑甲洛磁器。調查今日尚存之磁窰舊跡。推知磁匠之多尚有數百。其出產品並曾暢銷國外。一如今日之邦達惱希窰。但製造之時間幾何。何時停製。則尚不得而知。

十

拉嗎克摩項王歿於何年。無從確悉。但據拉查蒂辣書中紀載有云。於佛曆一千八百五十七年帕龍王曾封帕昭傘爲明城太守。又云。於佛曆一千八百六十一年間。明城太守傘。曾起兵進犯堵歪城與達惱希城。二城皆隸蘇口胎京。使拉嗎克摩項王健存。明城太守傘必不敢如此挑戰。由此推算。拉嗎克摩項王當係歿於佛曆一千八百六十年前後。享國約四十載。歿後太子名勒汰者在蘇口胎京卽位。是爲蘇口胎朝中之第四世君主。據歷史所載。拉嗎克摩項王在位時。爲蘇口胎京之全盛時代。以後國勢漸衰。詳情將於下節論之。

第四節　蘇口胎京之衰落時代

一

拉瑪克摩項王之太子勒汰登極以後。享國三十六年。關於此代之歷史事跡。蘇口胎京之碑文中絕少紀載。但在別國歷史有連帶述及之者。亦可引爲傍證。如拉查蒂辣載稱。拉瑪克摩項王逝世之後。向隸於蘇口胎京之附庸各國。遂多叛變。不甘受蘇口胎京之統制。蠻王竟命明城太守傘起兵。進犯塔歪及達腦希二城。擅自擴張領土。然後在毛大瑪宣佈獨立。不受蘇口胎京之節制。勒汰王雖然亦曾興師討伐。但終未能恢復舊有之蠻地。其餘各城。如南蠻帕邦、棠占、棨堪及那坤希他瑪辣等。亦次第叛變。惟畿內各省尚馴服如故。是以雖在勒汰王時代。亦無被外國征服之事發生。

二

勒汰王在位三十六年。其建設國家。處理政務。必多依照拉瑪克摩項王之遺制。所可惜者皆未有詳盡之紀載耳。吾人僅知勒汰王曾有一重要之建設。即查港澇城之築造是也。（即甘烹碧城東岸。）查港澇城築爲小都。與希薩那賴城相比。在拉瑪克摩項王時代之碑文中。尚未有關於查港澇城之紀載。

三

蘇口胎京勒汰王末年衰敗之主要原因。卽在塢堂城中又生能人以爲太守。兼爲大將。統轄塢堂城、拉查布里城、碧布里城各軍。光復堵歪、達惱希二城。使之再爲汰人之所有物。自此以後。不耶塢堂在南方一帶威名大震。統治地盤擴張。至於啊呦他亞左近。在桑克布里、拉查布里、及碧布里等城太守。亦皆一律臣服。互爲黨羽。其後至佛曆一千八百九十年。塢堂地發生傳染疫。不耶塢堂藉此以爲口實。遂統領居民移居於隸屬啊呦他亞城之永利地方。然後設法與中國皇帝及考木國王盟好。及其實力已充。外敵無患。乃於佛曆一千八百九十二年在希啊呦他亞京宣佈自主。

四

在蘇口胎京方面。當塢堂王宣佈獨立之時。適值宮庭之間自相爭執。乃無能力以討伐塢堂王。爭執之原因爲何。未有明文紀載。據推想所得。勒汰之長子名不耶黎汰。當佛曆一千八百九十年之時。被封爲副君。坐鎭希薩那賴城。臆度勒汰必復有一子。受勒汰王之命令。駐節查港滂城。二子失和互爭權利。當佛曆一千八百九十七年。勒汰王病篤之時。鎮守查港滂之第二子。似先得到消息。立刻動員進佔蘇口胎京。故碑文之中紀載有云。丕耶黎汰得悉其父病篤。遂自希薩那賴率師而來。與蘇口胎方面激戰。戰勝始進據蘇口胎京城。於佛曆一千八百九十七年即王位。塢堂王既探悉蘇口胎京自相攻殺。亦起兵進佔柴那城。柴那城似在勒汰王時代始新建築者。黎汰王既就王位。無心作戰。乃與塢堂王言歸於好。塢堂王交還柴那城。蘇口胎京亦承認希啊呦他亞京爲獨立國家。兩國自此以後。遂能相安於無事。

五

黎汰王在蘇口胎京登極。爲帕龍朝中之第五世君主。加冕以後。改稱希素哩亞逢拉嗎馬哈他嗎拉查蒂辣皇帝。但在碑文及書籍之中。仍多以黎汰王呼之。間亦有簡稱其名而呼爲馬哈拉查他嗎蒂辣者。但此種稱呼。對於蘇口胎京之王者數人皆通用之。因而在本講演之中。呼之爲嗎哈他嗎拉查第一世。以別於二世三世。馬哈他嗎拉查第一世之黎汰王。其天資雖不似其祖若父之英武善戰。但學問淵博。曾學於錫蘭僧院及皇家學院。精通三藏佛經。此點可於圖書館出版之帕龍藏經一書見之。此書除碑文之外。爲著作中之最古者。馬哈他嗎拉查第一世。因其嫻熟三藏經。故對於佛教之崇奉信仰。亦甚於以前諸王。曾聘錫蘭和尚以充蘇口胎京之僧王。並按照錫蘭儀式。規定教例。如劃分僧人爲學習佛說之城市派。及注重坐禪之山野派。至今猶然。帕馬哈他嗎拉查第一世又曾暫時出家。實開後世高尚國民臨時剃度之先河。

六

帕馬哈他嗎拉查第一世。除博學多聞之外。其功尚夥。如開闢自希薩那頼經過蘇口胎至甘烹碧城爲止之帕龍官路。又建築宋考城（即毗司奴露）以爲小都。修補那坤充（即甘烹碧城）。東岸佛像製造亦以帕馬哈他嗎拉查第一世時代之出產品最爲精緻出色。其功之最不可抹滅者。在能自己度德量力。知啊呦他亞京强盛不可以力征服。遂與之好友。尚能馴服之各地。則用堅硬之手腕以統治之。希啊呦他亞歷史載稱。塢堂王逝世之後。帕布龍拉查第一世興兵征討各地者至三次之多。終無所獲。帕馬哈他嗎拉查第一終其世皆能保持蘇

口胎京之獨立。

七

帕馬哈他嗎拉查第一世歿於何年何日。尚未能考察確鑿。大概係在佛曆一千九百一十九年。左右其子（書中有稱爲賽黎汰者。）在蘇口胎京即位。是爲帕馬哈他嗎拉查第二世。當佛曆一千八百二十年之時。帕布龍拉查蒂辣起兵攻略查港澇城。帕馬哈他嗎拉查第二世戰敗。自此以後。蘇口胎京之聲勢墜落千丈。一變而淪爲希啊呦他亞京之附庸屬國。帕布龍拉查蒂辣王欲減削北方實力。遂將蘇口胎京故土分成兩個區域。一爲頻河流域。有達咯城、甘烹碧城、那坤薩晚城。而以甘烹碧城爲都會。令丕耶如蒂提噠統管之。（或稱爲丕耶如延狄。據云係王之螟蛉子。）直隸希啊呦他亞京。由帕馬哈他嗎拉查統治者。爲南河流域。有蘇口胎、薩晚克露、毗司奴露、及皮吉等城。共爲一省。據推查所得。帕馬哈他嗎拉查第二世於即位之前。曾充副君。駐節毗司奴露城。即宋考城。此城爲帕馬哈他嗎拉查所造以爲小都者。勢敗之後。一變而爲希啊呦他亞京之屬國。遂遷都毗司奴露。自此以後。蘇口胎城不復爲北方國都矣。

八

帕馬哈他嗎拉査第二世歿於何年未詳。逝世之後。由帕馬哈他嗎拉查第三世卽位於毗司奴露城。以爲附庸之王。亦於佛曆一千九百六十二年宴駕。其時適値帕那克林他拉蒂辣王卽位於希啊吻他亞京。據暹羅國史所載。帕馬哈他嗎拉査第三世宴駕之後。其子丕耶板蒙與丕耶拉嗎爭位。至於互相攻奪。北方大亂。帕那克林他拉蒂辣乃率師進駐帕邦城。(卽那坤薩晚城。)丕耶板蒙與丕耶拉嗎懾於軍威。相率進營朝見帕那克林他拉蒂辣王。乃命兩丕耶共管北方。一駐蘇口胎。一鎭甘烹碧。以後二人始相和好。至於毗司奴露城爲隸於丕耶板蒙抑隸於丕耶拉嗎。則尙未考證淸楚。所得悉者。帕馬哈他嗎拉査第四世曾統轄毗司奴露城。至佛曆一千九百七十年始行逝世。其時正當帕布龍拉査蒂辣第二世(三丕耶王)統治希啊吻他亞京。至此帕龍後裔似已失去其統治能力。不然卽帕布龍拉查蒂辣第二世欲在各地鞏固希啊吻他亞京之勢力。乃立其子帕布龍台露那王。其時尙稱帕拉梅遜者爲副君。留守毗司奴露城。自暹羅獨立以後。帕龍朝中共傳五代。歷一百年之久。始漸衰弱。變爲希啊吻他亞京之附庸。帕龍朝在北方爲屬國之王者復傳四代。歷時約五十年。自此以後蘇口胎京之歷史遂變爲希啊吻他亞歷史之一部份。詳情將於下章中述論之。

九

在蘇口胎京之暹羅歷史中有一問題。須事考究者。卽在古書中所用之帕龍之一名詞是也。謂統治蘇口胎京之王族名曰帕龍。但在蘇口胎京碑文之中。歷代國王。絕不見有名帕龍其人者。事實如何。人人言殊。蘇口胎京碑文之中紀載稱爲王者一共七代。第一代卽南國君主名漂坤邦江桃。卽位之後。稱希因他拉蒂王。第二代名曰板蒙王。第三代名拉嗎克摩項王。第四代勒汰王。第五代原名黎汰王。卽位之後稱希素哩亞逢拉嗎馬哈他嗎拉查蒂辣王。第六代、第七代、第八代。則一律稱爲帕馬哈他嗎拉查青邁僧人所著馬柯文書籍。如秦甘瑪麗尼。或行杏克尼灘書中。皆曾列出蘇口胎京五代君主之名。第一代名曰阿崙辣。或賽朗克辣。第二代名板辣。第三代名拉嗎辣。第四代名烏德搭甲臭得特達辣。第五代名黎汰辣。若與碑文之紀載互相比較。帕龍之龍字則作曙光解。是以青邁人始呼之爲阿崙。（意卽早晨。）復用馬柯文字音之近似龍者。遂成爲朗克辣一名詞。但吾人考察蠻人歷史北方歷史、或青邁歷史。在青邁史中紀載。謂帕龍與丕耶安蒙曾幫助丕耶明賴築造青邁城。北方歷史謂帕龍曾到過中國。蠻人歷史紀載稱帕龍曾封馬甲桃爲天露王。其年月日期皆與拉嗎克摩項王時代相吻合。因此又成問題。名震國外之帕龍。果爲希因他拉蒂王乎。（意卽日光。）抑爲拉嗎克摩項王乎。權其輕重。度其長短。謂希因他拉蒂王爲帕龍者。不過因其爲開國君主。與在馬柯文書中曾暗指其爲帕龍而已。其書乃爲數百年以後之著作品。不足爲憑。另一方面歷史之年月日期確定。無論在暹羅史、蠻史及蘭那史皆稱拉嗎克摩項王爲帕龍。此層似較前說可信。更有一層。拉嗎克摩項王之名。係與巧城王象門以後始起者。又在各書之中皆云帕龍爲一英明大業之君主。其爲暗指拉嗎克摩項王。似較希因他拉蒂王更爲可靠也。

第二章 希啊哟他亞

第一節 希啊哟他亞京之成立

一

希啊哟他亞京之歷史。自塢堂王宣布獨立。及同時於佛曆一千八百九十三年建築希啊哟他亞城算起。直至佛曆二千三百零十猪年在哎甲埸王時。希啊哟他亞京。被緬甸人攻陷之日爲止。共四百一十七年。此回講演。須追求往事。探求在希啊哟他亞京宣佈獨立之塢堂王。果爲何人後裔。原住何處。及其所以建築希啊哟他亞城以爲京都之原因何在。關此種種。在已經出版之著作中。言人人殊。莫衷一是。後來搜得碑文古物。爲以前著作家所未曾見過者。及從鄰國之歷史紀事中考查。始知事實多與以前作家所見不同。故須在此次演講中加以解釋。以便明瞭考察所得之成績果何若也。

二

塢堂王之姓氏。在暹羅國史之中。稱爲青萊宗室。所紀載與緣歐歷史相同。謂係婆羅門王佔得考木國土時候移來蘭那落戶之汰人。（在第一章第二節中已述及之。）其始祖爲柴希麗王。曾統治青萊府。其時青萊尙稱柴巴干城也。後來蠻人興師來犯。柴希麗王戰敗。不得已而率其部衆向南遷徙。在一荒城之中。安家立業。名曰白城。（相傳在今日甘烹碧府境內。但據余推測。柴希麗王當係住於帕巴通哈荒城。因當甲咯攀王設爲國都之時。爲紀念柴希麗王起見。尙名其城曰那坤柴希也。）傳四世約一百六十年之久。始生塢堂王之母。其父爲誰。尙無紀載。北方歷史於紀述戈賴王之時。只云。塢堂王之父爲一富翁。塢堂王生於佛曆一千八百五十七虎年。暹舊曆五月之星期一日。（係在拉嗎克摩項王末代。）塢堂王之歷史云。於青年時代。爲塢堂城太守之女婿。年三十歲時。繼其岳父爲塢堂太守。塢堂卽嗎柯語中所呼爲素攀蒲木者也。（在勒汰王時代。）年僅三十。卽能做太守。足見塢堂王爲一非常人物。青年之時。其才幹已非常人可比。此點可從拉查蒂辣一書及緬甸歷史之紀事中。望見之。當拉嗎克摩項王逝世以後。蠻族各地相繼叛變。不願受蘇口胎京之節制。毛達嗎太守明城傘王。竟爾起兵。攻略塔歪及達惱希三地。併諸毛達嗎國土以內。勒汰王雖亦曾率師聲討。但終未能恢復蠻族故地。據緬甸歷史中所載。謂汰人不久復奪回堵歪及達惱希兩地。吾人設一翻閱地圖。即知恢復二城之汰人軍隊。必係與堵歪及達惱希兩城毗連之塢堂、拉查布里、及碧布里等城之軍隊而無疑。依此推度。塢堂必係於恢復塔歪及達惱希二地之時。已大顯其身手。後來太守出缺。遂得擢爲丕耶塢堂。以代替其岳父。其官職想亦不過爲外畿省長。並非附庸之王。因塢堂城距離京師尙非甚遠也。

三

素攀蒲木或譯爲暹語稱塢堂。（在素攀布里府三千鱷魚縣。現已荒無。）爲一古城。建於當那坤巴通府尙有大河入海以爲交通憑藉之時代。因其地位重要。故其範圍亦較左近諸城爲獨廣大。雖當堵娃勞狄國境盡被考木呑併在洛帕布里城另設新都時代。塢堂城亦未失去其在西方所佔之重要位置。塢堂之邊境。南與拉查布里相近。西與蠻人國土毗連。北至散城邊界東與希啊呦他亞接壤。一如今日之塢堂地方。其後蘇口胎京盡得考木人在此邦各地。（無論在拉嗎克摩項王時代或勒汰王時代。）獻出希啊呦他亞城。使直隸於塢堂範圍之內。至此塢堂之國土大增。東面竟伸至榻金河口及昭丕耶河口。（卽湄南河。）塢堂之國土既增。實力乃得超越南方各城。

四

塢堂王所以宣佈自主。不甘願聽受蘇口胎京統轄之原因。吾人仔細研究。知其緣故甚多。非只爲地廣人稠勢力充實如上面所述也。使塢堂王雖懷有宣佈獨立之野心。設其他各城太守以及舉國民衆不表示同意。亦萬難成功。塢堂王之所以能夠獨立成功者。其重要原因在當彼時代。南方居民自散城至於海岸。其環境與北欖以北之北方居民不同。因汰人當移來此地之時。考木人勢力正盛。統治全國。其首都卽設於洛帕布里城。考木人則散處各地。南方各城如碧布里、拉查布里、塢堂及散城等。與國都洛帕布里城相接近。考木人之居處者。自較北方如毗司奴露、蘇口胎等城爲多。因此南方汰人與考木人混居雜處。自較北方汰人更爲親密。爲時日久。往來益親。漸而血統混合。終於制度、風俗、以及言語等等。無不染有考木成分。北方汰人國境既與考木人相距甚遠。自蘭那遷來之汰人。又日增月益。至於北方所生之汰人。其習尙、言語、與原有故土之汰人仍相近似。南方汰人與北方汰人之不同既如上述。（雖至今日尙不無痕跡。如南方人之使用由考木語言傳來之御用名詞者尙多。）當拉嗎克摩項王統治蘇口胎京之時。其人英武。其威力足以鎭懾所有汰人使之屈服於蘇口胎京勢力之下。但南方汰人常能憶及南方各地曾爲自由國土。不過當拉嗎克摩項王時代。始不得已而降爲蘇口胎京之屬國。心非悅服也。既至拉嗎克摩項王逝死。勒汰王承繼大統。勢力遠遜於乃父。南方汰人之不滿意於蘇口胎京之壓制者。遂相率希望恢復其舊日之獨立地位。尤有進者。南方各城多位近河口。常有海船往來。早與外國通商。最重者如中國人。於北上之時亦須道經南方。南方之人既能與外國人貿易往來。生財之道自較北方汰人方便。而且南方爲肥沃之地。魚米之鄉。因此南方汰人遂較北方汰人尤爲富庶。此外尤有一重大原因。卽南方產生能人。如塢堂王其人者。豐功偉績已如上述。既已地廣人衆。復値蘇口胎京勢力漸微。

南方汰八乃共尊塢堂王爲首領。聯合南方各地宣佈獨立。此層可於塢堂王獨立以後並未嘗興師動衆四出征討。即能盡有蘇口胎京之南方各地。擴張領土至於馬來半島一點證明之。

五

塢堂王之所以建設希啊呦他亞城以爲國都的原因。由於塢堂城之逐漸荒蕪。塢堂居民所賴以食水及交通之大河。（今稱爲三千鱷魚河。）水道改變原有河流。初則狹而且淺。繼則乾爲陸地。居民至於鑿池蓄水以備食用。水荒如此。居民常多疾苦。久之竟流爲傳染病。死亡之率因之大增。塢堂王見故有之城邑。已無有發展之可能。遂思改遷。乃遴希啊呦他亞城立爲京都。至此須先述希啊呦他亞城之來歷。希啊呦他亞城爲考木人統治洛帕布里時所建築。其地爲薩河、洛帕布里河、及昭不耶河三水總匯之所。位置重要。交通便利。但當彼之時。其地尚低。不適耕地之用。因此以地位言。希啊呦他亞不過爲洛帕布里治下之一個小小的邊城而已。積時日久。土地漸高。居民之往希啊呦他亞耕植買賣者。亦日加繁多。終至變成一商業雲集之地。因其爲三水匯合之地。如上所述。此層可以紀載中所云於佛曆一千八百六十七年塢堂王將立之以爲國都的二十五年之前。曾鑄造帕昭南青佛像及寺院如堵米辣寺等。證明之寺院之建築於塢堂王以前者已有多座。假使希啊吻他亞城未臻文明。何能有力量建築若許之寺院耶。塢堂王之建設希啊吻他亞城以爲國都之最大緣故。卽因此城正在繁茂發展。再因其位置在三河相會之地。便與北地往還。可比之爲北方門戶。實爲擴張國土控制北方之根據地。塢堂王之所以立希啊吻他亞爲國都之理由。不外乎上列二者。

六

塢堂王立希啊吻他亞城爲國都一事。史有紀載。稱塢堂王自佛曆一千八百八十七年起。統治塢堂。爲時三載。乃發生霍亂症。居民死亡甚衆。遂放棄塢堂。於佛曆一千八百九十年遷來希啊吻他亞城。先居於永利地方。（卽今日之菩提薩苑寺地址。）復歷三年。據推測所知。塢堂王初在塢堂城時。尚未發生獨立思想。其抱成立自主國家之志。當發生於既來希啊吻他亞城以後。塢堂王宣佈獨立時。所採取之策略。極似拉嗎克摩項王之攻略考木人地。不過其方面爲北南南北互相調換而已。塢堂王因不樂於受蘇口胎京之節制。乃與考木之柬埔寨京及中國皇帝修好。以絕後顧之憂。然後始敢毅然決然宣佈獨立。其獨立時之手續。爲先建造希啊吻他亞京。然後於松澤（後改名帕拉嗎他）之濱建築王宮。最後纔登大位。定名曰帕拉馬蒂布狄王。復錫京都名曰共台塔哇勞狄希啊吻他亞。（共台意卽京都。塔哇勞狄爲原有地名。希啊吻他亞爲啊吻他亞之變名。）卽位之後。命其子帕拉梅遜留守與蘇口胎京接壤之洛帕布里城。又命王后之兄名帕哦者。駐節舊塢堂地方。但於大河之濱另造一城。名曰素攀布里。南方各城如散城、拉查布里城、碧布里城、塔歪城、達惱希城。再南至於那坤希他嗎辣城、馬六甲城、查河城。皆臣服於塢堂帕拉馬蒂布狄王之前。塔哇勞狄國境。至此復分爲二。一如昔日拉嗎克摩項王卽位以前之蘇口胎京也。

第二節　希啊吻他亞京擴張領土時代

一

當塢堂帕拉馬蒂布狄王初在希啊呦他亞城設立國都宣佈獨立之時。蘇口胎方面。必爲震怒。其懷抱惡意。暗謀傾覆。乃屬當然之事。不過以希啊呦他亞京之勢力雄厚。堪與蘇口胎京互相伯仲。訴諸武力。萬難僥倖取勝。據推臆所知。勒汰王之政策。必係與柬埔寨京之考木人聯絡。使之夾攻希啊呦他亞京。適值柬埔寨方面亦更易朝代。素與希啊呦他亞京友睦之帕布龍涅槃波王逝世。帕布龍蘭逢新王卽位。其猜忌希啊呦他亞京之毒意。幾與蘇口胎京之畏懼心理相等。以爲希啊呦他亞之勢澎湃若此。必將不利於柬埔寨。遂改變方針。移而與勒汰王互相親近。塢堂帕拉馬蒂布狄王宣佈獨立一年以後。確悉考木王之態度已變。不復與希啊呦他亞京修睦友好。遂於佛曆一千八百九十五年。大軍動員。進攻柬埔寨京，先命其子帕拉梅遜爲將。不勝。復命帕布、龍拉查（帕哦、）率軍增援。終能攻破考京那坤通城。塢堂帕拉馬蒂布狄王此次戰勝考木東方之領土因之大增。今日之那坤希他嗎辣及占布里二省。皆係因此次勝利。而始併入於希啊呦他亞京之版圖者。

二

希啊呦他亞京與柬埔寨發生戰爭之時。適爲勒汰王臨末之年。帕龍王族自相變亂。（一如第一章第四節中所述）竟至因此坐失機會。未能乘希啊呦他亞京多事之秋。略其城邑。至佛曆一千八百九十七年。勒汰王病重。於臨危之際。王族之中發生爭位事情。榮膺副君鎮守希洒那賴城之太子丕耶黎汰至於興師進攻蘇口胎城。戰勝之後。始獲王位。蘇口胎京既內亂如此。塢堂帕拉馬蒂布狄王。將素攀師衆。佔領蘇口胎南方邊陲重鎭之柴那城。爭奪勝利。卽位帕嗎哈搭嗎拉查之丕耶黎汰。深諳大勢。知戰爭不足以克制希啊呦他亞京。枉增死亡而已。乃派遣使臣。與塢堂帕拉馬蒂布狄王談判。以平等原則互相言好。在帕拉馬蒂布狄王方面。亦正需時日。以處理自考木新得土地之善後問題。乃毅然決然。將柴那城交還帕馬哈搭嗎拉查第一世。彼此和好。自此以後。塢堂帕拉馬蒂布狄王。乃竭其畢生之力以從事於國內之建設。不復與他國作戰。

三

希啊呦他亞京定鼎以後之內政制度。據自舊書古物中考察所得。知塢堂帕拉馬蒂布狄王。

係將蘇口胎京之遺法。及考木制度混合。兼用以治理希啊吻他亞京。如其統治國民。一如蘇口胎京之採用軍制。其地方分劃。亦與蘇口胎京無異。希啊吻他亞京之近畿四郊。皆築砲壘。以拱衞京師。北方砲壘在洛帕布里。東方砲壘在那坤納優。南方砲壘在帕巴丹。(在拉查布拉哪)西方砲壘設於素攀布里。又按交通路途之遠近。劃定畿內各省。巴金帕羅、(後稱帕哪斯尼空)春布里等城在東。碧布里城在南。拉查布里城在西。那坤婆羅門、那坤因、及興城、派克城、(後稱傘城)在北。重要大城皆命王族治理之。與京師距離較遠之城在東方如叩辣克城、(後稱那坤拉查希馬)及占布里城。在南方如柴亞、那坤希嗎辣帕特龍、宋卡、及特狠等城。西方如達臘、希塔歪、青干等城。皆爲不耶嗎哈那坤、或曰畿外各省。至於附庸屬國。當帕拉馬蒂布狄王之時。似僅有馬來半島之馬六甲、與亞河而已。柬埔寨或亦在內。但對於柬寨埔以後。仍須討伐多次。京師政制以及宮內習尚。則多取法於考木。因南方汰人與考木之關繫。比諸北地汰人尤爲密切。且曾一次攻陷柬埔寨京城。名人遺制。自有補益於希啊吻他亞京者不少。朝內大臣共分四部。即一爲政務大臣。其責任爲整理地方、監督人民、拿辦盜匪、及懲治罪人。是爲一部。一爲宮務大臣。專司宮中各事、及審理國民之詞訟。是又爲一部。一爲財務大臣。負責保管國家之收入。自成一部。一爲田務大臣。專司保管農田、及爲京師蓄集糧草。是又爲一部。至於宮內制度。希啊呦他亞京較諸蘇口胎京。尤爲崇尚婆羅門教師所傳授之婆羅門儀式。如希啊呦他亞京之審判訴訟。終其朝皆賴通曉法理之婆羅門教徒。希啊呦他亞時代之著作文品。尤喜使用梵語。但皈依佛教者則多依從錫蘭派教儀。與蘇口胎京並無出入。所知者如是。

塢堂帕拉馬蒂布狄王統治希啊呦他亞京。享國十九年。於佛曆一千九百十二年逝世。享壽五十五歲。死後太子帕拉梅遜卽位一年。與其舅父留守素攀之帕布龍拉查不睦。遂讓位於帕布龍拉查。然後復回洛帕布里。

四

帕布龍拉查（帕哦、）於佛曆一千九百十三年卽位。暹羅國史上稱之曰帕布龍拉查第一世。此實爲素攀王族中之屬於素攀城太守後裔。而非青萊血統者之第一任君主。帕布龍拉查第一世在塢堂帕拉馬蒂布狄王之時。已著英武善戰之名。並對於帕拉馬蒂布狄王之與蘇口胎京言歸於好。堅持反對。故即位兩年之後。於佛曆一千九百十五年間。大軍動員。復侵入蘇口胎境內。佔據南方各地。直至北欖坡地方。復於佛曆一千九百十六年。進攻查港滂城。不下。帕布龍拉查以後復兩次向北侵略。終未成功。因彼時蘇口胎京尙據有相當之實力。加以蘭那汰人亦來援助。佛曆一千九百十九年。帕嗎哈塔嗎拉查第一世逝世。其子有名賽黎汰者嗣位。曰帕嗎哈塔馬拉查第二世。國勢日衰。至佛曆一千九百二十一年。帕布龍拉查蒂辣又率師北伐。帕嗎哈塔嗎拉查第二世屢戰不利。乃不得已而開門乞降。帕布龍拉查蒂辣遂將蘇口胎京所有之地分爲兩省。丙河流域自達咯城至北欖坡一帶共爲一省。命丕耶由蒂提啦（據云爲其義子、）設都於甘烹碧城以主持之。其餘南容二河之流域自希洒那賴至於洒鑾城（即皮吉城）爲一省。仍命帕嗎哈塔嗎拉查第二世統治之。帕嗎哈塔嗎拉查遂遷都宋考城。（即今日之呲司奴露城。）自此以後。聲勢大減。不過爲希啊呦他亞京之一附庸小君而已。

五

希啊呦他亞京既吞滅蘇口胎京各地。遂與蘭那之汰人深結仇恨。因蘭那汰人曾援助蘇口胎京。與希啊呦他亞京作戰也。帕布龍拉查蒂辣將北方整理就緒之後。遂於佛曆一千九百二十三年。調動大兵進攻青邁。不下。至佛曆一千九百三十一年。又親征一次。未果。於中途患病而薨。希啊呦他亞京內之各大臣。遂共尊帕布龍拉查蒂辣之子名唐爛者爲王。時年僅一十五歲。享國七天。帕拉梅遜自洛帕布里起兵。先誅唐爛。然後繼青萊血統而就王位。

六

帕拉梅遜於佛曆一千九百三十一年再就王位。享國七年。於佛曆一千九百三十八年逝世。據暹羅國史所載。稱帕拉梅遜王曾起兵進攻青邁城。擄來青邁城中之居民甚夥。命之分住於那坤希塔嗎辣、宋卡、及占布里等城。但照谿歐之歷史紀載。則不相同。惟有一事足爲重要之證據者。即那坤希他嗎辣與宋卡居民之言語。極似蘭那以北俗稱爲黎之汰人。即自青懇至青龍一帶之居民。足資考證。因此可知那坤希他嗎辣及宋卡之居民。係自蘭那以北。在帕拉梅遜王時代移來者。毫無疑義。但在占布里方面。則尚未有證據足備研究。

又當帕拉梅遜王時代。考木人曾膽敢擄奪春布里府之居民。帕拉梅遜王震怒。乃於佛曆一千九百三十六年進攻柬埔寨京陷之。但因守衛艱難。終放棄柬埔寨而擄去其居民。

帕拉梅遜王逝世之後。其子帕拉馬拉查即位。享國十五年。事跡如何。史無紀載。只云其在位十五年。與軍務大臣不睦。軍務大臣乃自素攀請那坤因王來京。帕拉馬拉查不得已。讓位於那坤因王。青萊宗室享國三世。至此遂終。

希啊呦他亞擴張領土之歷史至此而止。歷時五十九年。君主五世。

第三節　希啊呦他亞之統一時代

一

那坤因王於佛曆一千九百五十二年在希啊呦他亞京即位。稱曰帕那克林他拉蒂辣王。為素攀布里太守之子。在素攀蒲木王族之中為第二世君主。而素攀布里太守。又為帕布龍拉查蒂辣第一世之弟。據理推測其所以稱那坤因王者。必因其以前曾統治那坤因城。彼於未入希啊呦他亞京卽位之前。曾往素攀布里代理其父行使職權。其治國天才。已於此時大著。惟其如此。希啊呦他亞京中人士。及帕拉馬拉查。始肯不戰而讓王位也。據中國方面紀載謂那坤因王於未進希啊呦他亞京卽王位之前。曾於佛曆一千九百二十年往明都南京。入宮朝見中國皇帝。以後終其朝代皆與中國修好。中國人之來希啊呦他亞京貿易通商者。想亦必自那坤因王時代開始。在醒布里小河沿岸之瓷窰地方。（彼時屬那坤因境內。）今日尙有瓷窰痕跡。其爲中國式瓷窰。與薩晚喀露及蘇口胎等處之瓷窰。毫無差異。據吾人推想。那坤因王亦必曾步拉嗎克摩項王之後塵。帶領中國匠人來暹燒瓷。此亦建設之一道。與歷史上之紀載謂那坤因王竭力整頓內政。從未有四出征討以擴張國土之事發生。若合符節。

二

蘇口胎京自淪爲希啊呦他亞附庸。遷都毗司奴露以後。帕馬哈塔嗎拉查第二世歿於何年何月。未有紀載。所知者只復有帕馬哈塔嗎拉查第三世在位。至佛曆一千九百六十二年逝世。那坤因當國之時。帕龍王族之中兩人（恐爲帕馬哈塔嗎拉查第三世之子。）一名丕耶般蒙。一名丕耶拉嗎克摩項因奪王位至於互相攻殺。希啊呦他亞京告誡不服。帕那克林王終於不得已而調動大軍。進駐帕邦城。兩丕耶懾於軍威，始肯就範。相率前往朝見。那克林王親爲排解。命帕馬哈塔嗎拉查第四世主持毗司奴露。其他則駐節甘烹碧城。據歷史所載。那克林王有子三人。長子名第一丕耶。留守素攀布里。當北方之亂事平定以後。那克林王立次子名第二丕耶者統治排戈城。（即傘城。）命其第三子名第三丕耶者坐鎮柴那。此處有一可異之點。即傘城與柴那相距不過二百五十綫而且柴那僅一莞榮小城。似應合併一區派人坐鎮。何以那克林王竟命二子各主一城耶。據吾人猜度在那克林王之意。必以爲帕龍族中之具有統治資格者日見其少。故命其二子各駐一城。以爲擇一留守毗司奴露城之準備。那克林即位之年已五十歲。享國十六載。歿於佛曆一千九百六十七年。第一丕耶與第二丕耶互爭。相持不下。至於在希啊呦他亞京激戰在炭野之間。彼此象鬬同時陣歿。第三丕耶遂得在希啊呦他亞京承繼大位。

三

第三丕耶於佛曆一千九百六十七年卽位。曰帕布龍拉查蒂辣第二世君主。治國之道。一遵其父王遺制。卽位以後七年之間。政績如何。史無紀載。想亦不外乎整頓畿內各省而已。至佛曆一千九百七十四年。柬埔寨京之堵馬叟王。勢力大振。並曾擄奪希啊呦他亞京之人民。一如往昔。帕布龍拉查蒂辣王。遂於佛曆一千九百七十五年。動員進攻柬埔寨京。包圍七月。始行攻下。帕布龍拉查以爲柬埔寨京怙惡不悛。若放任考木之人統治之。一旦勢强。必爲希啊呦他亞京之患。乃命擄奪其國中之上下人等。以及重要物品。然後命其子帕因他拉查坐鎭柬埔寨京。自此以後。柬埔寨遂亦變成希啊呦他亞京之附庸。但帕因他拉查駐柬埔寨京未久。卽因水土不服而致病歿。至此帕布龍拉查蒂辣命汰人統治柬埔寨之計劃終告失敗。雖然如此。考木之王族。亦不敢復設京都於那坤鑾者。乃遷都帕農濱城。仍爲希啊呦他亞京之附庸。那坤鑾。及那坤瓦特。自此以後。遂成荒廢。

四

佛曆一千九百八十一年。統治毗司奴露之帕馬哈塔嗎拉查第四世歿。帕布龍拉查蒂辣王遂命合併北方。當帕布龍拉查蒂辣第一世分爲兩省之所有之地。然後命其子帕拉梅遜進駐毗司奴露。鎮守北方。帕布龍拉查蒂辣之命其子鎮守北方。爲政策中之最關重要者。因南北汰人環境不同。（一如在第二章第一節中所述。）北方汰人常以北方曾爲國都統治南人自豪。雖淪爲附庸。賴先君血統關繫。尙能保持地位。但在希啊呦他亞京方面。則須設法抑制北方。如將北方之地分爲數省。使之不能集中實力。恢復獨立。因此北方之勢力日漸衰落。其時蘭那王桃羅卽位於青邁。稱曰狄羅辣王。爲人精武善鬬。開始於擴張青邁國土。假使帕布龍拉查蒂辣尙命帕龍王族統治北方。以爲附庸之國。將不免爲青邁汰人所吞併。最低限度。亦將受其蹂躪。北方衰敗。希啊呦他亞京亦受連累。因於必要時。尙須加以援助也。令他人統治。恐北人不服。遂命其太子親往鎮懾。雖亦能改變制度。博得北人同情。然終不能預防後來之多事。

五

佛曆一千九百八十五年。下手整理北方各地。未久。適值蘭那國中之騰城太守。蓄意推翻狄羅辣王。乃派遣代表接洽輸誠希啊呦他亞京。事帕布龍拉查蒂辣王以爲機不可失。遂自統大軍。進攻青邁。但狄羅辣王能於事前剿滅騰城太守。是以希啊呦他亞京大軍到時。攻擊青邁不下。至佛曆一千九百八十七年。帕布龍拉查蒂辣復統率師旅。進攻青邁。（歷史載此次出師俘敵二十餘萬。）不幸帕布龍拉查蒂辣王中途病篤。歿於軍中。青邁城仍未攻下。

帕布龍拉查第二世。享國十六年。逝世之後。坐鎮毗司奴露之太子帕拉梅遜繼位。

六

帕拉梅遜於佛曆一千九百九十一年即位。稱曰帕布龍德萊露那君主。爲人飽學多聞。對於文學法律政治等等。無不精通。並爲希啊呦他亞王族中曾統治蘇口胎京城者之第一人。當留守毗司奴露之時。即努力研究蘇口胎京歷代英明君主之歷史與政績。其時王族血統。及舊日官吏之居於北地者尚多。帕布龍德萊露那得以學習蘇口胎京之制度風俗。取長補短。竭力建設。如在希啊呦他亞京即位之後。即撥出王宮之一部份。建築菩提瓦寺。（後稱帕布傘碧寺。）一如蘇口胎京之建築馬哈塔寺。

至此須稍加解釋。古時建築寺院。其重要之點果何在乎。凡曾遊歷各古城。如薩晚喀露、蘇口胎、希啊呦他亞等地之人。必曾因注意於其寺院建築之多而心懷疑惑曰。建築寺院佛塔至於如此之多。果何用乎。古時建築寺院之原因有二。一以延長佛道之生命而光大其教義。此係屬靈方面者。此外尚有屬物之原因。關繫已故之族中祖先。因按照古制。焚屍之後。其骨灰絕不藏諸家中。無論何族。人死屍焚之後。必在寺中建築一塔。以爲收蓄骨灰留念後人之用。並於紀念節日功德佈施。財力雄厚之族。則建立一族之寺院。以爲該族藏骨灰作功德之用。故建築寺院實足以顯示族中聲譽。因此寺院乃因之而多。（骨灰藏之家中之制。始自拉特哪勾辛本朝。雖然如此。今日之在寺中造塔蓄藏骨灰。尚大有人在。）帕布龍德萊露那王之在宮中建築寺院。亦所以爲收藏希啊呦他亞京歷代君主及宗族骨灰之用者。

七

希啊呦他亞京。當帕那克林他拉蒂辣王。及帕布龍拉查蒂辣第二世時之歸併各地。其重要目的。在鞏固統治能力至帕布龍德萊露那王。復從事於統一全國。並自京都開始實行內政制度。以前之統治全國。係採用軍制。政府則分政務、宮務、財務、田務、四部。如前所述。至帕布龍德萊露那王當國。乃改分爲兩大部。所有軍務共成一部。由軍政大臣主之。將政務宮務財務及田務合爲內政部。以內政大臣主之。原有之四部。一律改廳。隸於內政部。稱政務部爲民政廳。宮務部爲執法廳。財務部爲司庫廳。田務部爲農林廳。各地省府亦完全採用此制。以前稱爲畿外各省之大城。皆爲附庸屬國。共分一二三等。有太守及廳長主之。廳長對於武方。可比之軍務大臣。對於文方。則比之內政大臣。亦有政務、宮務、財務、田務等廳。彷彿京師。至於近畿各省各級官吏。直受畿內當局之節制。軍政大臣有權檢閱及處置全國之軍事。內政大臣有權檢查及處理全國之民政。官爵列等。分爲丕耶、帕鑾、坤、門、攀、特吼。食田亦按其爵之高低而定其多少。平民每人地只二十五萊。爵位稍高者。其夫役及田地亦逐漸而多。自五十萊、一百萊以至於一萬萊。官吏貴族食田更多。有自一萬五千萊至兩萬萊者。又復公佈上諭。以爲宮內法律。宮內法律共分三部。規定制度如王族之典禮者。爲第一部。規定官吏等級制度者。又爲一部。規定宮內法令者。另爲一部。尤有進者。當拉特哪勾辛本朝第五世君主成立司法部之前。審判訴訟之法。亦發源於帕布龍德萊露那王。其時重要責任。共分二部。卽辨理部。自受理詞訟起。至於科罰罪人。皆由汰人之辨理部主之。熟悉法理之婆羅門教徒。其責任只限於檢查口供。評判是非而已。絕無處置辦理之權。以上所舉。爲已經知悉之事。其他建設。爲吾人所未及知悉者。當然甚多。帕布龍德萊露那王時代所著之文化專書。至今尙存者兩冊。一爲佛曆二千零二十五年所著之馬哈查克摩鑾。一爲黎厘帕羅。據云此書爲帕布龍德萊露那王之御著。因其臨末有皇帝御著完等字樣。二書雖以今人之眼光視之。猶稱佳作。由此可見暹羅文學。自帕布龍德萊露那王時代。已臻極盛矣。

八

至此再述帕布德龍萊露那王時代之史事。暹羅國土在希啊呦他亞京鼎定之時。擴張極廣。至帕布龍拉查蒂辣第二世卽位之後。勢已漸衰。再傳至帕布龍德萊露那王時代。馬六甲叛變起。初馬六甲之居民。種族繁雜。言語殊異。在拉嗎克摩項王時代。歸併暹羅。但因其地方距離邊遠。故只爲附庸。其後馬來由人之居於馬六甲者日夥。至於成爲當地居民之大部分。此等馬來由人於皈依佛教之時。尙服從暹國。後來阿拉伯人宣傳回教。馬來由人信仰回教以後。遂行叛變。據歷史所載。帕布龍德萊露那王曾於佛曆一千九百九十八年征伐馬六甲。不克。

九

馬六甲人既然叛變。一年以後。北方又復多事。其原因由於當帕布龍德萊露那王來希啊㘃他亞京卽位之時。未曾任命王族統治北方各地。只在丕耶官吏等各自爲政。其時有毗司奴露、薩晚喀露、蘇口胎、甘烹碧、皮吉、及那坤薩晚等城。皆直隸於希啊㘃他亞京。彼此之地位獨立。勢力相等。遂發生爭權之事。薩晚喀露太守丕耶由蒂提啦、唔與青邁勾結。狄羅辣王洞悉隱情。乃起師襲取甘烹碧城。然後縱其前鋒刦擄柴那居民。帕布龍德萊露那王聞訊。亦起兵迎敵。其時狄羅辣王正在進兵攻打蘇口胎城不下。復知希啊㘃他亞京援軍來剿。不得已而自行撤退。希啊㘃他亞京之大軍在後追擊。至於吞城。與青邁人戰破之。戰事平靖之後。希啊㘃他亞京得悉薩晚喀露太守丕耶由蒂提啦私通青邁。帕布龍德萊露那王將拘之治罪。丕耶由蒂提啦事前得悉。乃攜其眷屬往投狄羅辣王。自告奮勇於佛曆二千零四年引青邁軍攻陷蘇口胎城。又復攻甘烹碧城。未下。後浩人進擾青邁。狄羅辣王始引退去。因此帕龍德萊露那王始能恢復蘇口胎城。

十

是役也。雖能光復北方各地。但人民方面所受之損失仍屬極大。有被青邁人俘擄者。更有許多人民為丕耶由蒂提啦驅逐而去。投降狄羅辣王。帕布龍德萊露那王為報仇雪恐。乃於佛曆二千零六年調動大軍進攻青邁。其子名帕因他拉查者（想係先鋒）進窺蘭邦。曾與敵人象鬬。據歷史所載。帕因他拉查被四象包圍。終至中槍斃命。其部下軍隊。乃自行撤退。時帕布龍德萊露那王自統大軍亦進至北地。偵悉前鋒已退。不能攻陷青邁。遂停止軍事行動。至是始悟北方多事之原因。在於各城分立。不相統屬。若一旦大軍退回希啊㘃他亞京。青邁人必再來騷擾。乃立刻改變策略。親自坐鎮毗司奴露城。而以北方為京都。命其長子帕布龍拉查留守希啊呦他亞城。以爲南方重鎮。隸屬北方都城。

十一

狄羅辣王既知帕布龍德萊露那王遷都毗司奴露城。遂不復敢侵略北方各地矣。希啊呦他亞京與蘭那間之戰事乃告停止。相安無事者至數年之久。在此數年之中。帕布龍德萊露那王。對於提倡宗教之事。不留餘力。如建築帕希叻馬哈塔、（即帕菩提芹辣寺中之塔、）及毗司奴露城。最後又派遣使臣。聘請錫蘭僧人虔誠篤信。然後出家爲僧。一如蘇口胎京之帕馬哈塔嗎拉查第一世君主。先駐於毗司奴露城南之朱拉馬尼寺。帕布龍德萊露那王自削髮爲僧以後。名聲大震。狄羅辣王、鴻掃瓦狄王及希洒那定虎王等。皆派遣使臣。賈奉禮物僧具。出家之後。即獲白象。此希啊呦他亞京之第一白象也。前此只有拉嗎克摩項王曾得白象。斯亦名傳四海之一道歟。

十二

當彼之時。蘭那與希啊呦他亞京之舊仇未解。因薩晚喀露太守丕耶由蒂提啦。曾擄走許多居民。往降狄羅辣王。狄羅辣王初封丕耶由蒂提啦爲青秦太守。管轄彼自擄來之人民。其後帕布龍德萊露那王駐節毗司奴露。狄羅辣王恐丕耶由蒂提啦一變再變。遂調之使守帕夭。然後命其叔名將凍那坤爲青秦太守。鎭懾邊疆。至佛曆二千零十六年。狄羅辣王忽患神經病。至於殺死太子。復疑凍那坤心懷不善。命之返青邁朝見帕布龍德萊露那王見時機已熟。遂於佛曆二千零十七年。佔領青秦。恢復薩晚喀露曾被擄去之居民。狄羅辣王至此已無心用武。乃要求和好。帕布龍德萊露那王許之。終其朝。乃不復與青邁發生戰事。

十三

帕布龍德萊露那王在毗司奴露當國之時。娶后（想係帕龍族女）。生子一人名帕齊塔。命之駐於毗司奴露。以爲副君。帕布龍德萊露那王先在希啊吻他亞京十五年。後鎭毗司奴露二十五年。於佛曆二千零三十一年歿於毗司奴露城。在位四十年。享壽五十七歲。嗣君早立。逝世之時。其長子卽位於希啊吻他亞京。稱曰帕布龍拉查蒂辣君主。是爲第三世。次子齊塔。仍爲副君。留守毗司奴露城。希啊吻他亞城至此復成京師。帕布龍拉查蒂辣第三世享國三年。曾失陷塔歪城（其爲變亂或被蠻人攻陷。未詳。）於佛曆二千零三十四年逝世。後由帕齊塔繼位。

十四

帕齊塔於佛曆二千零三十四年卽王位。時年一十九歲。曰帕拉馬蒂布狄第二世君主。其時設都之問題復起。將接踵其父坐鎭毗司奴露城乎。抑將繼續其先駐節希啊呦他亞京乎。結果仍決定以希啊呦他亞爲京都。其理由必因帕齊塔本人生於北地。且爲帕龍血統。對於北方各地可以放心。所當經營者惟有南方。是以仍以希啊呦他亞爲京師。而命可靠之王族代鎭毗司奴露。管轄北方。惟對於此層歷史上未有記載。帕布龍拉馬蒂布狄後嗣一人。封帕布龍拉查立爲太子。後於晚年之間。命之駐守毗司奴露統治北方。因恐再發生變亂。步帕布龍德萊露那王之後塵也。

十五

帕拉馬蒂布狄第二世君主時代。內政外交。建樹極多。茲請言其內政。行政制度當帕布龍德萊露那王時代。早已整理妥善。所未及注意者。尚有軍事。帕拉查蒂布狄第二世君主。遂繼其父而規定軍制。歷史上之紀載簡略。一曰曾造籍冊。一曰各城方法。一曰戰勝術。至此須傍徵博引以研究其命意之所在。據推想所知。造籍冊者。卽徵募人民供職於陸海軍之方法。彼時之徵募方法。相傳甚久。（至叻特哪勾辛本朝第三世君主。於佛曆二千四百四十八年公佈徵募條例之後。始行廢除。）其辦法為先設立徵募廳。總廳設於京師。分廳則散佈各地。上諭成年男子。自十八歲起至六十歲為止。皆有供職國家之責任。不然須有三子代替。始克免除此責。成年男子十八歲之註冊者。稱為備役。尚在練習期內。滿二十歲時。則由備役變為正役。意卽國家之軍士。如此供職。直至解脫之日為止。正役又分為二種。一為輪流調換。以力盡職者。一為居處較遠。往來匪易者。着為稅役。卽以物代力。供國家之用者也。但於國家發生戰事之時。無論何種。皆有被徵義務。其制度也如此。後世之人。每以正役為下賤之人。其實非是。正役卽是兵士。古時習尚重視軍人。與今日無異。此層可於禁止奴隸俘虜充當軍士。而但令自由之汰人充任一點證明之。當帕拉馬蒂布狄第二世君主當國之時。又有一種建設。名曰各城方法。命意爲何。殊難明瞭。據吾人猜度。必係動員大操實習戰術之方法也。戰勝術云者。想係用兵之法。攻守之方。帕拉馬蒂布狄第二世君主之戰勝術一書。今已不復存在。今日尙留之戰勝術一書似爲帕那雷遜時代之著作品。然而所存者亦屬甚少。

十六

當帕拉馬蒂布狄時。關於政治及宗敎之建樹。亦有數種。佛曆二千零三十五年。在希啊吻他亞王宮帕布龍德萊露那王所築菩塔瓦寺。建造大塔兩座。一以藏其父帕布龍德萊露那王之骨灰。一以藏帕布龍拉查蒂辣第三世君主之骨灰。兩塔今日猶存。又於佛曆二千零四十三年。在菩塔瓦寺中建築王家佛殿。用合金鑄站立之佛像。外包黃金。名曰帕希傘碧。是以後人多稱菩塔瓦寺爲帕希傘碧寺。其像高八瓦。所包純金重兩萬零八百八十銖。尙未聞世界上有如此巨大之佛像。及包黃金至如此之多者。此像在希啊吻他亞京中爲重要之珍物。直至佛曆二千三百零十年緬甸人攻陷希啊吻他亞京。竟用火融去其金。佛像全毁。至本朝第一世君主。始請來安置於齊士盆希中間之塔內。

十七

提倡水路交通。亦自帕拉馬蒂布狄第二世君主開始。先濬之龍及塔邦二溪。使其水深可通大船。以貫澈昭丕耶河與邦巴公河之交通。濬溪之利益顯著。是以後來歷代君主亦多效力於此者。後來將闡述之。

十八

除上列各建樹之外。尋其蛛絲馬跡。尚知帕拉馬蒂布狄君主。曾繼帕布龍德萊露那王之後。盡力於提倡文化事業。帕拉馬蒂布狄時代之著作。有里力雲派一書。著者博學多聞。足爲當時之文化大家。

十九

關於對外方面。帕拉馬蒂布狄王卽位十六年後。與其父帕布龍德萊露那王無異。因北方問題。復與青邁開仗。其時坐鎮北方之副君。庸弱無能。青邁帕蒙蛟王。欲步法狄羅辣王之後塵。宣揚武力。遂於佛曆二千零五十年。興師進攻蘇口胎城。當時北方人民尙擁護帕拉馬蒂布狄君主。羣力抵禦青邁軍終於無功而還。帕拉馬蒂布狄王乃命軍務大臣率軍進攻青邁軍犯蘇口胎時用爲根據地之蒲萊城。青邁軍大敗。城遂陷落。青邁王仍不知悛改。改命其驍將門平義鎮守蘭邦。時常利用股匪。襲擄北方民衆。至佛曆二千零五十六年。門平義引軍進犯蘇口胎城。同時門嗎啦亦襲擊甘烹碧。幸居民竭力守禦。未被陷落。因城中並無奸細如帕布龍德萊露那王時代也。帕拉馬蒂布狄自思對於青邁須懾之使服。不然必爲後患。遂於佛曆二千零五十八年親統大軍進擊蘭邦下之。將敵人實力完全破壞之後。大軍始退。王子帕阿提亞翁方臻少年。遂立爲太子。進駐毗司奴露城。鎮守北方。青邁人乃不敢南犯。

二十

當帕拉馬蒂布狄第二世君主時代。關於外交復有一事發生。卽暹羅自此時起首與歐西修好是也。詳情將於別章述之。關於暹邦外交此處所陳說者。卽葡萄牙人在印度獲得屬地之後。日思在東方擴大其勢力範圍。見馬六甲地方可供商場之用。先與馬來由長官談判無效。乃調兵進攻馬六甲下之。因西人善用火槍。爲東方人所不及。葡萄牙人攻下馬六甲之後得悉馬六甲以前曾隸屬暹羅。恐暹羅方面發兵報復。遂遣派使臣於佛曆二千零六十一年來與希啊呦他亞京修好。在帕拉馬蒂布狄王方面。以爲馬六甲距離過遠。且暹羅方面。早已放棄其統治權。遂允不顧馬六甲而與葡萄牙人修好。自彼時起。葡萄牙始來希啊呦他亞京通商貿易。

二十一

帕拉馬蒂布狄王在位三十八年。於佛曆二千零七十二年逝世。享壽五十七歲。曾坐鎮毗司奴露之帕布龍拉查乃得繼位。是爲第四代君主。（但暹羅國史上稱之爲帕布龍拉查諸菩堂古嘘。因其曾爲太子也。）至於北方。吾人推度係由其異母弟帕柴拉查鎮守。此代政績史無紀載。只云曾在希傘碧寺中建築一塔。以保藏其父帕拉馬蒂布狄王之骨灰。及與青邁和好而已。在位四年。於佛曆二千零二十六年患天花症逝世。希啊呦他亞京之各大臣立太子帕拉踢爲王。時年僅五齡。在位五個月。帕柴拉查起兵殺之。自就王位。希啊呦他亞京之統一時代歷史至此爲止。共一百二十四年。歷七代君主。

第三章　希啊吻他亞大戰史

第一節　希啊吻他亞歷代之運河

一

在上章講演之中。已曾述及希啊吻他亞京之歷史。直至帕柴拉查王。於佛曆二千零七十七年卽位之日爲止。帕柴拉查王時代。史中旣發現建設國家之事。復遇有引起暹羅史空前大戰之爭端。其重要之建設國家事業。卽開鑿昭丕耶河流中之抄近水道。亦自帕柴拉查王時代始。起初昭丕耶河自河口至希啊吻他亞城一段。迴環多處。航行殊費時日。自河口至希啊吻他亞城。航船非三四晝夜不可。正在今日之曼谷。卽爲一大灣曲水流轉向西南。（按照今日綱咯埃運河方向。）至邦鑾。復轉北流。向邦坤希達令乾。至邦拉罵。再轉向東。至綱咯耐。河身始轉北向三星一帶流去。一如今日。傳云。彼時船隻沿河而上。船夫在將寺之前。停泊早飯。

然後起錨。下午抵邦洼寺前。預備晚餐之時。始憶其飯鍋已遺於將寺。遂登陸取鍋。回時不誤晚飯。因在陸路方面綢咯埃與綢咯耐固極相接近也。因此帕柴拉查王始開鑿運河。利便交通。積時日久。河水冲擊兩岸河身漸寬。遂至與大河相等。（卽今日之宮前一段。）呑布里城原設於流出中國碼頭河口之邦鑾運河口上。亦不得不移至將寺一帶。帕柴拉查王所開之運河。在今日視之。猶綢咯埃運河一帶之房屋建築。較綢咯耐運河一帶格外整齊。因其爲呑布里城之古代舊址也。

二

帕柴拉查王以後之歷代君主。在昭丕耶河所開之抄近水路。亦有多處。茲將開鑿運河之事合於一段論之。使聽者能俱能了解。似較於各代君主時分別述論爲尤善。上述之運河。爲希啊呦他亞京時代所開鑿之第一運河。約十六年以後。喳咯攀王復鑿邦桂運河。以爲第二。起初昭丕耶河自綢咯耐而上。僅至喀茂寺。河身卽轉而向西。（按照今日邦桂運河途徑。）至喳羅寺。然後復轉向北。沿着圍繞嫩布里府之河流。喳咯攀鑒於綢咯運河之利益。乃命再開運河一條。自邦洼之喳羅寺掘起。直至邦拉罵之鐵屑寺傍。（即綱咯耐運河。自邦拉罵徑馬哈洒瓦運河之口。北至喳羅寺之一段。）沿邦洼上下之船隻。不必再繞道喀茂寺及綱咯耐矣。以後又歷約七十年之久。至松潭王時代。始開鑿第三條運河名曰德雷埃運河。在今日之巴通他尼府內。原始此段昭丕耶河亦爲一大灣曲。河流自三柯而東。（按照今日叻漂運河之方向。）然後轉而向西。至邦鑾青辣。復灣向南。松潭王命在三柯之尾。與邦鑾青辣之間。鑿一運河。久之運河漸廣。遂變成今日之河身。復後約歷二十八年之久。巴撒桐王時代。又開第四條運河名曰嫩城運河。昭丕耶河原係自嫩布里城灣而向西。沿照今日所呼爲圍繞嫩布里府河流方面。然後復灣而向東。至邦桂喀茂寺。一如上述。巴撒桐王命自嫩布里府之噠叻交掘一運河。（即今日喳運帕吉狄寺之北。）直至喀茂寺之北。此運河久之亦變爲大河。據御著歷史所載。稱於佛曆二千二百六十五年。復掘第五條運河名曰德雷運河。據傳說謂即係今日嫩布里府境內之巴德雷運河。但復搜獲外人在汰洒王以前所繪之地圖。足爲證據。圖上已有德雷運河。名曰德雷耐。因此吾人可以推知巴德雷運河。必係掘於巴撒桐時代。而與嫩城運河同時開鑿者也。當佛曆二千二百六十五年。汰洒王時代所開之運河。恐爲帕巴丹府境內之波提運河因在叻特那勾辛本朝第一世君主時代歷史所載。（開鑿五十年餘）。鹹水漲至京師居民咸感不便因鹹水蝕食水流日廣。乃於佛曆二千三百二十七年。命塡閉波提運河。塡閉完竣時期。想仍在第一世君主時代。不然。卽在建築坑砍城時之第二世時代。本朝第二世君主。復命在波提運河之北另開運河。卽今所呼爲巴叻者。此運河無論在交通上、或在保衞京師上、地位皆甚重要也。

第二節　大戰之原因

一

以後將講述引起暹史中空前大戰之重要原因。緣起鑾與緬甸二國。彼此獨立既久。至蘇口胎城爲暹羅京都時代。屬汰人血統之發螺王族。亦在鴻掃瓦狄京城。統治鑾國。歷代相傳。直至拉查蒂辣王之不耶耐。其時緬甸國王亦在亢洼城設立國都。歷代相傳。至佛郞芒康王。拉查蒂辣與佛郎芒康兩王發生戰事。相持已久。兩國人民各厭棄戰爭。多相率避往武城。拉查蒂辣及佛郎芒康兩王逝世之後。兩國實力因之俱減。當時在東武城中又生一偉人。屬緬甸王族。名曰蒙金如。先在東武奪得大權。然後自立爲君。稱馬哈希哩差素啦王。適値蠻緬兩國君主無道。兩國人民之歸附東武者日夥。但馬哈希哩差素啦王在位未久。卽行逝世。其子名蒙噠拉者繼位。加冕之後。稱曰達炳喳維地君主。（意卽第一金傘）其人英武善戰。乃逐向蠻人方面。擴張其國土。吞併蠻人大小各城之後。直壓汰人邊境。蠻人之不甘心歸附達炳喳維地王者。復多避居於汰人邊陲之青丹城。東武太守達炳喳維地王。復調動大軍。佔據青丹城。其時希啊吻他亞京亦實力充足。帕柴拉查蒂辣王乃率師禦敵。與達炳喳維地王激戰敗之。乃能光復青丹城。此次激戰爲暹緬交惡原因之一。

二

當帕柴拉查蒂辣王之與緬人在青丹激戰也。僑居希啊吻他亞京之葡萄牙人共一百三十名。自告奮勇加入軍隊者百人。勝仗歸來之後。帕柴拉查蒂辣王對於此輩葡人。論功行賞。乃賜萬登地方河之西岸。達掠運河以北之地。與葡人居住。並准葡人自由建築天主敎堂。此輩葡人。初爲礮手。實爲今日古狄今地方天主敎徒之始祖也。

三

帕柴拉查蒂辣王此次擊敗緬人。名震北方。其時適有兇徒。刺殺在青邁統治蘭那之帕蒙吉告。帕蒙吉告無後。青邁朝中之權貴大臣。乃請大汰族中之奈城太守昭梅固濶來青邁主持蘭邦、青萊、青傘各城丕耶。以爲三道乃刺殺帕蒙吉告之人。遂相謀討伐。但又恐實力薄弱。不足以成事。青邁自帕布龍拉查蒂辣四世之時。卽與希啊吻他亞京互相友善。衆丕耶等始得派遣使臣。求助於希啊吻他亞京。帕柴拉查蒂辣應衆丕耶之請。乃於佛曆二千零八十一年。率師往援。但於帕柴拉查蒂辣王未抵青邁之前。傘他威城太守已應蘭那、青萊、青傘等城太守之請求。率援軍先至。合兵攻下青邁城。然後立吉拉巴葩（似爲帕蒙吉告之女）爲統治青邁之女主。希啊吻他亞京之大軍到時。女主殷勤招待。七年之間。乃能相安於無事。

四

在此七年之間。緬甸方面達炳喳維地王。窮兵黷武。侵擾鄰近諸國。盡有蠻人、緬甸、以及大汰之土地。然後卽位。稱拉瑪蒂辣皇帝。建都於鴻掃瓦狄城。是以史家稱之曰鴻掃瓦狄王。鴻掃瓦狄王欲利用聯絡方法。以向青邁擴張其國境。青邁女主以及朝中大臣。皆懾於鴻掃瓦狄王之軍威。甘心臣服。至於帕柴拉查蒂辣王。早與鴻掃瓦狄王有宿怨。恐鴻掃瓦狄王吞併青邁之後。緬甸卽將侵犯希啊呦他亞京國土。遂於佛曆二千零八十八年統大軍進擊青邁。先克蘭邦、蘭坌。後將青邁包圍。青邁女主自知勢力不敵。復自願投降。而爲希啊呦他亞之附庸。戰事完後。帕柴拉查蒂辣回希啊呦他亞。未久卽於佛曆二千零八十九年逝世。享國共十二載。

五

帕柴拉查蒂辣王逝世之後。其後裔只有桃希素達珍妃所生之子二人。長子名帕蛟化。（或名帕天化。）時年十一歲。次子名帕希辛。年僅五齡而已。帕柴拉查蒂辣王宴駕之後。由其長子帕蛟化繼位。但一年僅十一齡之童子。何能處理國家政事。乃由皇族中之帕天拉查代攝國政。桃希素達珍身爲國母。代理宮內事務。並照管帕蛟化王個人者也。其後桃希素達珍與帕天拉查不睦。欲自攬大權。乃設種種計謀陷害帕天拉查。帕天拉查以桃希素達珍身爲國母。難與抗衡。爲免災害。乃託詞辭職出家爲僧。自此以後。政治大權。卽完全落於桃希素達珍一人之手。再後。桃希素達珍性慾大熾。與其親戚攀布希台發生戀愛。遂封之爲坤琴辣守衛內宮。然後奸通後來走露消息。疑者日衆。婦遂立其姘夫爲坤瓦洛翁洒蒂辣。（皇族中之官職。）命之統領御林禁軍。俾得兵力藉以自衞。再後婦懷胎。知難隱瞞。乃設法提高坤瓦洛翁洒蒂辣之政權。各部大臣有敢對坤瓦洛翁洒蒂辣不自馴服者。卽戕殺之。雖則如此。對於自身罪惡。尙竭力遮掩。直至因奸生女。事始大白。帕蛟化王時年十三歲。知其母與坤瓦洛翁洒蒂辣通奸。深自羞愧。將設謀殺坤瓦洛翁洒蒂辣。不幸事洩。反於佛曆二千零九十一年。被坤瓦洛翁洒蒂辣毒死。帕蛟化在位兩年。

六

帕蛟化王被殺以後。諸兇徒對於此事密而不宣。人固多以爲係因病而死也。帕希辛繼位。國家始未發生叛變。（卽桃希素達珍本人對此。恐亦未悉實情。）帕希辛卽位。以年齡太稚。自應有人代攝國政。桃希素達珍抱一不做二不休之心理。復藉口帕希辛年僅七齡。不能處置國事。竟封坤瓦洛翁洒蒂辣代攝國政。諸大臣心中不服。遂發生兩派人反對坤瓦洛翁洒蒂辣一派。與北邊各地方長官串通。將起兵聲討。復有一派如坤牙琳吞台、及警察廳長坤因吞台等。思以妙計誅除元兇。當桃希素達珍與坤瓦洛翁洒蒂辣得悉北方叛變之消息以後。遂決定取非常之手段。作斷然之處置。坤瓦洛翁洒蒂辣乃公然卽君主位。其居心不過欲借帝王之威。以使中立之人臣服而已。其時謀害坤瓦洛翁洒蒂辣者。佈置妥當。遂賺坤瓦洛翁洒蒂辣往東寺象柵之中。捕捉奇象。坤瓦洛翁洒蒂辣與桃希素達珍方出宮門。卽被謀者殺死於荷池運河之口。坤瓦洛翁洒蒂辣在位四十二天。但史家以坤瓦洛翁洒蒂辣係權奸竊國。不屬於希啊呦他亞京歷代君主之列。

七

諸大臣誅鋤坤瓦洛翁洒蒂辣。及桃希素達珍之後。乃請帕天拉查還俗。於佛曆二千零九十一年卽君主位。稱曰帕馬哈喳咯攀。卽位之時。年三十六歲。其王后爲帕素哩玉台。所生子女。其長子封爲帕朧梅遜。按照舊例。宜爲太子。次子爲帕馬杏吞。長女爲帕維素娣咯拉洒德里。次女爲帕台咯拉洒德里。帕素哩玉台及其所生之子女皆與歷史中有重要關係。故先述出其名字。

再者。因誅鋤坤瓦洛翁洒蒂辣與桃希素達珍。有功加賞諸人之中。坤皮琳吞台最爲重要。坤皮琳吞台出自名門。其父係帕龍王族之血統。其母亦與帕柴拉查蒂辣王親戚。况且當彼之時。非有王族留守毗司奴露城。則不能鎭懾北方。使復平靖。因此種種。帕馬哈喳咯攀王。乃立坤皮琳吞台爲王。封爲帕馬哈潭嗎拉查。坐鎭毗司奴露城。統治北方各地。並將其長女帕維素娣咯拉洒德里。賜爲帕馬哈潭嗎拉查之王后。以備得使兩方王族互相結合焉。

第三節　大戰之起始及經過

一

鴻掃瓦狄王達炳喳維地。當帕柴拉查蒂辣王時。已與汰人深結仇恨。既聞希啊呦他亞京權奸篡國。以爲必有亂事發生。可爲報仇雪忿之絕好機會。遂檄緬甸蠻族及大汰之兵。雲集毛大馬城。由鴻掃瓦狄王親自統率。於佛曆二千零九十一年。進攻希啊呦他亞城。此爲暹國歷史上空後未有的大戰之初次接觸。緬甸暹羅相距甚遠。南方阻於蠻人之國。東方隔於青邁、蘭那。直接交戰。實非可能。必至緬甸實力充足。須先吞併蠻國。始能假道來襲暹羅。因此緬人於每次侵犯暹國之時。必已吞併蠻國、大汰。故其勢力較汰人爲大。此次來攻。鴻掃瓦狄王亦自信其兵力遠超汰人之上。以之相壓。必操勝算。暹羅方面此次禦敵。得失各半。失也者。卽汰人實力。遠遜於敵方。加以此爲初次强敵壓境。防衛憑藉。必屬希啊呦他亞京傳襲舊物。能否發生效力。尙未可知。所謂防禦憑藉者。卽曾在城之四周建置礮壘是也。北郊礮壘。築於洛帕布里。東郊礮壘。設於那坤柴那。南郊礮壘。置於帕[illegible]府。西郊礮壘。建於素攀布里。其意卽敵人來自何方。卽以彼方之礮壘。作初步之抵禦。礮壘陷落。再退回京師。作最後之防守。得也者。卽敵人此來。尙未熟悉汰人方面之地勢力。一切肯定。皆出自猜臆。尤有一層。敵人目的地之希啊呦他亞京。有大水環護。攻取殊非容易。不止此也。下雨之季。河水暴漲。淹及敵軍營地。若於雨季之前未能將城攻陷。必至迫不得已而自動撤兵。希啊呦他亞京之地形。實予汰人以莫大之便宜。鴻掃瓦狄王入寇之時。帕馬哈喳咯攀王方即位六個月。汰人之兵力依然充實。因當誅鋤坤瓦洛翁洒蒂辣及桃希素達珍之時。暹國並未如鴻掃瓦狄王猜度而發生騷亂也。帕馬哈喳咯攀王即位之後國泰民安。及至探得鴻掃瓦狄王將大舉入寇之消息。汰人方面。遂按照古法。預備防守京師。派兵喳素攀布里。以爲抗禦敵軍之根據地。然後復在希啊呦他亞京籌辦最後之防禦工事。但鴻掃瓦狄王此次來犯。其軍勢過盛。素攀布里之防軍。抵禦失利。不得不退守京師。及敵人大軍逼近城下之後。帕馬哈喳咯攀王欲探知敵軍實力之大小。遂率軍試戰。王后帕素哩玉台。亦請求與諸大臣扈從助戰。帕馬哈喳咯攀王許之。令易男裝。作副君模樣。與二子帕臘梅遜、帕馬杏吞、及帕馬哈喳咯攀王等升象。與鴻掃瓦狄王之前鋒帕昭柏激戰。帕馬哈喳喀攀王。親與帕昭柏象鬬。失利逃走。帕昭柏在後緊追。王后帕素哩玉台。恐帕馬哈喳咯攀王將有性命之虞。乃催動坐象。衝前援救。被敵所殺。死於象頭。帕臘梅遜與帕馬杳呑二王子。見勢奮勇向前。殺退敵軍。奪回母后屍身。帕馬哈喳咯攀王亦率軍退回京師。見敵人勢大如此。遂命閉城固守。以待北方援軍。因已約定帕馬哈潭嗎拉查統軍南下。夾擊敵人矣。

二

鴻掃瓦狄王率大軍抵希啊呦他亞京以後。卽駐於城之北面。至此始悟此來失算。因希啊呦他亞京四周皆有大河圍繞。無論向何方進攻。汰人皆以大礮裝置船上。伺機轟擊。欲逼近城垣。殊非可能。緬甸軍中並無大礮能與汰人相抗。因大軍來自遠方。跋山涉水。攜帶甚屬不便。故軍中只有小礮使用。更有一層。汰人將所有糧食皆移儲城內。緬甸軍覓食艱難。無法可以攻陷希啊呦他亞城。後復偵知北方汰軍亦來增援。將與希啊呦他亞京之兵夾攻緬軍。鴻掃瓦狄王驚慌萬狀。欲取道千金布里。撤退軍隊。又以彼路糧米已罄。覓食不易。遂命大軍向達咯城方面移退。帕馬哈喳咯攀王乃命帕臘梅遜領兵。與帕馬哈潭嗎拉查夾攻敵軍。大破之。復在後追擊。至甘烹碧幾及大隊。但彼時緬甸有一重要將官。爲鴻掃瓦狄王后之兄。名卜伶昂。(意即王之兄。)卜伶昂王見鴻掃瓦狄王將敗於汰人。乃設計埋伏大軍。復使一軍出陣誘敵。汰軍一時失愼。陷入重圍。帕臘梅遜與帕馬哈潭嗎拉查同時被獲。帕馬哈嗟咯攀王無法。只得停戰。向鴻掃瓦狄王求和。鴻掃瓦狄王許之。送還帕臘梅遜與帕馬哈潭嗎拉查二人。鴻掃瓦狄王進攻希啊吻他亞京既然失敗。大軍退回鴻掃瓦狄城。深覺羞愧。至於神經錯亂。嗜酒好殺。終遭刺死。達炳嗟維地逝世之後。緬甸蠻人及大汰三族復分崩離析。各自獨立。多年未來侵犯希啊吻他亞京。

三

緬甸軍撤退後。帕馬哈嗟咯攀王。乃於王家公園之內。建築焚屍臺。火化帕素哩玉台王后之屍。然後又造一墳塔。以收藏骨灰。留爲紀念。其墳塔至今猶存。帕素哩玉台王后爲愛護其丈夫。竟至犧牲性命。遠近諸國。莫不欽仰。尊爲巾幗中之英雄。即今日遊覽墳塔之人。見之猶羡慕之。至帕馬哈嗟咯攀王。於戰事停止之後。亦未敢怠慢。計議方法。護衛京師。據研究古文古物所得。知當彼之時。曾設置各種防器。但於京師四郊建築礮壘之事。則斷定其毫無用處。敵軍大舉入寇之時。無抵禦能力。一旦此種礮壘落於敵軍之手。激戰經年。反足以爲敵人進攻希啊呦他京之憑藉。乃命將素攀布里、洛帕布里、及那坤那優三處之礮壘。一律拆毀。只留帕巴丹一處。因見其尙有抵禦敵軍水路來襲之功用也。至於希啊呦他亞京過去經驗。已證明其爲一可守之地。乃更添設防具。拱衞京畿。如以前希啊呦他亞京之土牆。原係土製。上裝木柱。改用灰砌磚壁。彷效外國礮臺。如斐德礮臺。卽其一例。離城較遠的四郊之中。復建築礮臺。北郊之礮臺。建於鑾劈妮園野。東郊礮臺築於罕達之野。南郊礮臺設於泰枯田中。西郊礮臺置於堅巴田中。（現稱半邦）又見王宮臨近北面護城河。易受敵人礮火攻擊。乃命在距城稍遠之金山野中再掘一河。相傳掘此護城河時。正在金山寺中出家修道之帕馬哈那戈。亦自還俗。率其戚友徒弟。奮勇幫助。（似任總監工之職。）居民遂稱此河曰馬哈那戈運河。其後國泰民安之時。京中市民多用爲划船游戲之所。至叻特哪勾辛朝（卽今朝）建築京城（卽曼谷）以後。第一世君主。亦命士杰寺停各海地方開鑿運河。以便都中居民得以下雨之季。乘船游戲。亦採用希啊呦他亞京舊時之名。稱曰馬哈那戈運河。本朝第三世君主之時。

復命在士杰寺中造一土山。亦名之曰金山。因其與馬哈那戈運河距離極近。一如希啊呦他亞京中之金山也。帕馬哈喳咯攀王對於保衛京畿之準備。除種種建設之外。復命調查全國戶口。以便得知足以徵募之成年男子的確數。查悉京畿省內成年男子共十餘萬。徵募方法亦較前便利。畿內省數亦因之增加。改半嗟叻蛟爲南布里城。改楊晉爲撒坤布里。（至第四世君主之時復改名洒木撒坤。）復割素攀布里之南與拉查布里之西合爲那坤柴希。（至今朝復改名那坤巴通。）割春布里之北。與巴金布里之南。合爲查清騷。割洛帕布里之東。與那坤那優之西。合爲洒布里。除以上所列之外。復儲蓄槍礮軍械。及運輸器具。命將輸貨送客之櫓船相併。改用槳划。名曰得勝船。或獸形船。因其駛行稍速。便於運輸軍士。更在船上裝置大礮。（今日暹王施布節中尚見此船。）陸路運輸。無論在作戰。或輸送貨物之時。象之地位。皆極重要。乃命捕捉多象。以增加運輸能力。帕馬哈喳咯攀王得從容預備至十五年之久。因鴻掃瓦狄方面。自達炳喳維地王被弒之後。緬甸、蠻人、以及大汰三族。彼此獨立。且相攻殺者甚久也。彼時鴻掃瓦狄王達炳喳維地之驍將卜侖昂。復返東武城。逐漸擴張其實力。聰明勇敢。遠過達炳喳維地王。復平定緬甸、蠻人、大汰、諸地。再設京師於鴻掃瓦狄城。卽鴻掃瓦狄王位。歷史稱之爲鴻掃瓦狄黑舌王。或稱戰勝十方之王。其時大汰之梅古迪王。統治青邁。鴻掃瓦狄王往攻曾隸其下之叻城。梅古迪助叻人守衞。城陷之後。恐鴻掃瓦狄王將進攻青邁。乃預先降服。變爲鴻掃瓦狄京之附庸屬國。

四

在希啊吻他京方面帕馬哈喳咯攀王之整頓國家也。既如上述。而捕捉巨象以充運輸工具之時。獲得白象七隻。此爲破天荒空前未有之盛事。官吏居民。深知此爲暹王聖德之表現。遂相將上奏御號。稱曰白象王。威名震於各國。至於鴻掃瓦狄卜侖昂王。未獲白象。當帕馬哈喳咯攀王之聖名。傳至鴻掃瓦狄以後。妬嫉心大作。漠然置之。恐其境內蠻汰兩族之人民。將因羨慕威名而歸服於帕馬哈喳咯攀王。鴻掃瓦狄之卜侖昂王。已曾率師犯暹。對於暹國之地勢軍力。以及希啊吻他亞京之作戰方法等。知之頗詳。自信彼等出兵。定可戰勝汰人。或者卜侖昂王亦存心恫嚇。使汰人輸服。乃命其使臣。以公文關照帕馬哈喳咯攀王。謂聞帕馬哈喳咯攀王獲得白象至七隻之多。鴻掃兀狄京尚未有此種祥瑞。請分得二象。以爲國家光榮。帕馬哈喳咯攀王接到鴻掃兀狄王之書後。立刻瞭然於此書之眞意。不予白象則鴻掃兀狄王必因羞致怒而與汰人宣戰。若予之白象。不啻希啊呦亞京自示衰弱甘爲鴻掃兀狄所壓服。白象爲君主之祥瑞。平等國家從無互相贈與之例。只有附庸之主貢獻於上國君王而已。因此彼時之重要問題並非予鴻掃兀狄王白象兩隻與不予之問題。而爲汰人向實力巨大之鴻掃兀狄王宣戰。或甘願淪爲鴻掃兀狄王之屬國問題。帕馬哈喳咯攀王乃集其二子。及朝中之重要大臣。相聚計議。討論應付方策。

會議中意見各異。共分二派。一派主張應許鴻掃兀狄王之要求。賜之白象兩隻。一派主張絕對不給。主張應給者之理由。爲鴻掃兀狄王卜侖昂之威權。遠出乎達炳喳維地之上。且已吞併靑邁。增加實力。一旦敵軍來犯。致勝乏術。何如與之兩象。以避免對鴻掃兀狄王宣戰乎。雖曰獨立國君。互賜白象之事。未有前例。但恭謹要求。如鴻掃兀狄王者。亦爲前所未有。如此雖與之白象。亦無損於尊榮。白象多至七隻。與之兩隻。尚餘五隻。國之祥瑞。未至盡失。勿再引起戰爭。以陷蒼生於水深火熱也。主張不給者。有王子朧梅遜、丕耶喳咯哩，與素攀布里之知府丕耶孩呑松克蘭等三人爲首。其理由爲鴻掃瓦狄王之要求白象。不過爲藉詞進攻暹國之一種策略。不然。卽欲不戰而使暹羅屈於鴻掃瓦狄王的威權之下。絕非與之白象卽可作罷。與之白象。不啻自己向鴻掃瓦狄王表現畏懼心理。別國之人。見汏人示弱。以後亦必多方尋釁蹂躪暹國。賜與白象。絕非避禍之道。其最大功效。亦不過延長時日而已。最要之點。卽爲若汏人不甘作鴻掃瓦狄之奴隸。卽當預備反抗。不欲亡國。請卽奮起作戰。勿再向本國人民表示畏戰。卜佮昂之實力雖强於達炳喳維地。但汏人對於衛護京師之事。亦早有準備。以前能戰勝鴻掃瓦狄王。今日則不能守衛京師乎。

主張不給是人數較少。但帕馬哈喳咯攀王對之頗表同意。因已了解此事眞相。不欲亡國。必將與鴻掃瓦狄王一戰。遂命以文書善言答覆鴻掃瓦狄王云。白象爲一國君主之祥瑞。鴻掃瓦狄果能佈仁施義。造福邦國。亦必有白象產生。無可慮者。鴻掃瓦狄王得此消息。立刻宣佈與帕馬哈喳咯攀王斷絕邦交。並預備動員進攻暹國。

鴻掃瓦狄王卜侖昂此次犯暹。汰人喫虧之處甚多。卜侖昂之兵力強於達炳喳維地。且已吞滅青邁。可以利用青邁之糧食與運輸能力。不必再跋山涉水。一如上次矣。尤有一層。鴻掃瓦狄精於戰爭。士飽馬騰。自信足以致勝。此外更有一重要原因。卽卜侖昂曾充達炳喳維地王之將領。來犯暹國。對於暹國之地勢兵力以及汰人之作戰方法等等。知之頗詳。此次出師。能補救上次戰爭中所有之缺點。據歷史所載約有數種。如上次緬甸軍隊。係自三座塔方面進攻希啊吻他亞京。致被暹羅北方夾擊。此次鴻掃瓦狄王之軍隊。自邁啦茂方面而來。目的在先以重兵壓迫北方。以減削汰人實力。然後向希啊吻他亞城進攻。上次緬甸軍隊圍攻希啊吻他亞京時。所以不能逼近城下者。因緬軍礮力不及汰人。此次鴻掃瓦狄王亦命帶來重礮。並僱用射擊準確之葡萄牙礮手四百餘人。尤有一層。上次緬甸軍中糧餉缺乏。此次先併青邁。乃自青邁徵收糧餉以供軍用。

五

鴻掃瓦狄王準備就緒之後。立刻下令動員。於佛曆二千一百零六豬年十二月。進攻暹國王者之師。共分五軍。卽王子副君將一軍。駙馬紅哇王將一軍。王弟伯萊王將一軍。王弟東武王將一軍。鴻掃瓦狄王自將一軍。此外復有王弟丕耶帕森一軍。命大汰王族爲隨軍輸送隊。並命青邁王擔任軍需。在達咯城會合大軍。此次鴻掃瓦狄王動員之兵。爲數約二十餘萬。（史載五十餘萬。似乎過多。）

希啊呦他亞京方面自答覆鴻掃瓦狄王後。知戰爭已不能免。一到乾季。立刻將居民及糧食。完全搬入京都之內。修理砲壘。在城牆上裝置大礮小礮。又派兵守衛四郊礮臺。預備船隻。以便巡察敵人。彼時汰人方面最失算者。卽以爲鴻掃瓦狄王將率大軍自三座塔而來。直攻希啊呦他亞京。一如昔日之達炳喳維地王。因此對於北方各地。並未有防守之準備。及至卜侖昂王率大軍自邁啞茂來攻。北方各城聞訊之下。大爲震恐。乃各自爲戰。不及共商防守。但鴻掃瓦狄王之軍勢太盛。一抵甘烹碧。立刻唾手將城攻下。甘烹碧城陷落之後。鴻掃瓦狄王命將軍隊分作兩路。紅哇王東武王合成一路。進攻毗司奴露城。副君與伯萊王合成一路。繞道襲擊蘇口胎、薩晚喀露、及皮柴等城。鴻掃瓦狄王則自將中軍。坐鎮甘烹碧。

副君及伯萊王領兵抵蘇口胎後。丕耶蘇口胎竭力迎戰。但終因衆寡懸殊。城遂陷落。丕耶蘇口胎亦被緬軍捕獲。丕耶薩晚喀露與丕耶皮柴偵悉蘇口胎失落之消息。知頑抗無益。遂相率投降緬甸軍。至此乃得從容圍攻毗司奴露城。帕馬哈潭嗎拉查力與敵抗。但城中糧食已絕。且有天花症流行。不得已亦於佛曆二千一百零一豬年二月降敵。

六

鴻掃瓦狄王略定北地之後。乃命已經輸誠之帕馬哈潭嗎拉查及隸屬官吏等等。飲信水。誓矢忠。依然管理北方政務。留爲他日之佐助。然後籌劃進攻希啊呦他亞京。命徵北地船隻組成水軍。由伯萊王統率。泝毗司奴露考埃河直下。陸軍方面命副君爲右翼。紅哇王爲左翼。東武王爲前軍中路。鴻掃瓦狄王自領大軍在後緊隨。命帕馬哈潭嗎拉查、丕耶薩晚喀露、丕耶皮柴等隨軍。當時靑邁王梅古迪。託故推諉。只命丕耶三龍三丕三蘭保護運輸糧餉。追隨大軍。鴻掃瓦狄王忍怒未發。仍命靑邁軍護送糧餉。

希啊呦他亞京既探悉鴻掃瓦狄王自北地來犯。帕馬哈喳咯攀王乃命其子臘梅遜。將兵增援毗司奴露城。軍至那坤薩晚之時。知毗司奴露已失。軍隊乃退回可守之地。（相信在柴那境內。）緬甸軍一到。卽與汰人激戰。汰人仍以大礮裝配船上。游擊緬軍。死亡甚衆。緬軍因之不得不中止前進。鴻掃瓦狄王命其左右。往催伯萊王所部之水師。使之兼程並進。伯萊王到後。乃與陸軍會攻暹軍。暹軍勢力不支。乃退守希啊吻他亞城。

鴻掃瓦狄王大軍。逼近希啊吻他亞城以後。帕馬哈喳咯攀王乃命水陸兩軍。在鑾皮妮之野。與緬甸軍激戰。暹軍不能抵禦。乃退入城中。作戰之船隻。損失甚多。鴻掃瓦狄王先將北郊西郊及東郊之礮臺佔領。然後將希啊吻他亞京三面包圍。帕馬哈喳咯攀王見敵勢過强。作戰亦難勝利。只命船上大礮。遊擊緬軍。使之不得迫近城垣而已。希望能延長時日。使敵軍於糧食缺乏、或河水高漲之時。自行撤退。但鴻掃瓦狄王熟悉暹羅形勢。早有準備。船隻大礮。一概齊全。將希啊吻他亞城包圍後。先將暹軍戰船。盡行擊毀。見其已無力爲禍。乃安放大礮向城內轟擊。民房寺院。每天皆有毀壞。鴻掃瓦狄王見汰人已懼。乃致書帕馬哈喳咯攀王曰。和乎。戰乎。君其自擇。據緬甸歷史所載云。汰人不能支持緬軍礮火。環請於帕馬哈喳咯攀王。王不得已。始自認失敗。而與鴻掃兀狄王言和。

至此須略事觀察。帕馬哈嗟咯攀王何以竟自認失敗乎。若讀以後鴻掃兀狄王進攻希啊呦他亞京之歷史。足以證明汰人果努力抵禦。希啊呦他亞城當亦不至失落。但果因何事而自認失敗乎。只於大礮轟擊寺院倒毀。亦不足以屈服帕馬哈嗟咯攀王。推究其原因。必由於京畿內部之意見分歧。自此戰事。朝中大臣有自始至終持反對態度者。如上所述。既至戰事爆發。北地陷落。汰軍敗北。京師被圍。反對戰爭者。遂相將歸罪於帕臘梅遜、丕耶嗟咯哩及丕耶遜吞松克蘭等主戰份子。謂為輕舉妄動。為害邦國。若自始卽予之二象。國家當不至如此混沌也。此種論調。騰於京師。鴻掃兀狄王方面所以誘帕馬哈嗟咯攀王講和之動機。必由於深知此次欲攻陷希啊呦他亞城實非可能。於攻略北地之時。費日已久。今來進攻京都。不久河水卽漲。為時甚暫也。為求轉圜。乃致書帕馬哈嗟咯攀王。誘其求和。並應許不以戰敗國對待希啊呦他亞京。此等條件。益增希啊呦他亞京中反對戰爭一派之理由。乃環奏於帕馬哈嗟咯攀王之前。請卽息戰。帕馬哈嗟咯攀王為不違衆議。方與鴻掃兀狄王言歸於好。暹國歷史載云。王命在哈斯達娃寺（卽納帕民寺附近之象寺。）建築行宮。並請來佛像佛經。及僧侶。以爲鑒證。然後帕馬哈喳咯攀王與鴻撦瓦狄王會於行宮之中。鴻撦瓦狄王請賜四白象。並索帕臘梅遜、丕耶龍咯哩、及丕耶遜呑松克蘭等主戰份子。入鴻撦瓦狄城爲質。緬甸歷史中。又稱鴻撦瓦狄王命汰人每年貢象三十隻。白銀三百斤。並許瑪立地方之稅歸緬人徵收。因彼時瑪立爲對外之通商埠頭。常有船隻往來。帕馬哈喳咯攀王一一許之。鴻撦瓦狄王始行退兵。

七

汰人與鴻撦瓦狄大戰之後。失敗之效立見。巴達尼太守隸屬暹國。曾統領水師前來助守京都。（大概其軍隊到於鴻撦瓦狄軍已退之後。）見汰人自認失敗。丕耶巴達尼乃率兵叛變。刦掠王宮。但汰人實力尚强。大加撻伐。巴達尼人始敗竄而去。在鴻撦瓦狄方面停戰兵退。表面上似已與汰人和好。但究其實際。所訂條件。實種後來互相交惡之因。鴻撦瓦狄王之目的。在擴張國土。吞併暹羅。白象問題。則不過其賣弄陰謀之藉口而已。停戰言和。乃因其不能用武力將希啊呦他亞京攻陷。非因帕馬哈喳咯攀王已與之白象。因此和約雖立。而吞滅汰人之志未消。鴻掃瓦狄王知汰人實力非武力所可屈服。乃轉而利用和好的機會聯絡帕馬哈潭嗎拉查。以增進其在北方各地之統治勢力。帕馬哈喳咯攀王仍如以前時加告誡。久而久之。希啊呦他亞京乃與帕馬哈潭嗎拉查互相猜忌。帕馬哈潭嗎拉查不得已而逐漸與鴻掃瓦狄王大接近。汰人自相分裂。鴻掃瓦狄王因之而躊躕滿志。

八

於未述後來所發生之事件之先。須先略講鴻掃瓦狄京事。鴻掃瓦狄王白象戰爭勝利。返國未久。即接得消息。謂青邁王梅古迪。因鴻掃瓦狄進攻希啊呦他亞京徵青邁人輸送糧餉之時。曾被蔑視。乃與丕耶那坤蘭邦、丕耶蒲賴、丕耶岸及丕耶青傘等合謀叛變鴻掃瓦狄京。鴻掃瓦狄王探悉。立刻於佛曆二千一百零七鼠年之尾。起師討伐。進攻青邁。復徵帕馬哈潭嗎拉查統率北地之兵前往助戰。青邁王見敵軍勢大。復降於鴻掃瓦狄王。同謀之四太守。丕耶青傘被捕。其餘三人。皆逃往希薩那崑虎京投依於榮占王帕差齊塔。帕差齊塔王不肯引渡。

鴻掃瓦狄王乃命副君。將兵進攻希薩那崑虎京。命吉拉巴葩公主統治青邁。將梅古迪帶回鴻掃瓦狄京帕馬哈潭嗎拉查亦引軍返國。

副君統軍進攻希薩那崑虎佔領沿路各城。直逼其國都。榮占差齊塔王見敵勢過盛。難與相抗。乃引兵退出榮占城藏匿林野之中。副君攻下榮占城後。乃將差齊塔王之族人及王后嬪妃。一律捕獲。然後派軍追捕差齊塔王。但差齊塔王對於地勢較熟。見敵軍勢大。則藏匿林野以避其鋒。見敵軍薄弱。則擊之使潰。鴻掃瓦狄軍緝捕差齊塔王。至於雨季已來。尚未成功。副君見人民在水深火熱之中。創痛巨大。乃下令各軍。集中榮占。將於雨季過時。再行追捕差齊塔王。鴻掃瓦狄方退回榮占。差齊塔見時機已至。乃四出截斷榮占城所有運糧之路。鴻掃瓦狄軍因死亡頗多。副君無法。只得於雨季纔過之時。立刻撤兵。差齊塔反而在後追擊。至盡國境爲止。人多謂此次鴻掃瓦狄王被差齊塔王所敗。

差齊塔王復入京師。只得一空城。因所有財產及王后嬪妃等已盡爲鴻掃瓦狄軍刦掠而去矣。差齊塔王欲另立王后。乃派遣使臣持書札禮物。供獻帕馬哈喳咯攀王。請賜帕台咯拉洒德里公主以為差齊塔王后。希啊呦他亞京方面。帕馬哈喳咯攀方在痛恨鴻掃瓦狄王。亦樂得與差齊塔王結好。但其時適帕台咯拉洒德里患病。欲遲延時日。又恐差齊王方面發生變故。轉而與別國聯絡。遂將其嬪妃所生之帕姣花公主。賜與差齊塔王以代帕台咯拉洒德里。差齊塔王得悉帕姣花非素哩玉台王后所出之後。心中頗為不滿。將帕姣花送回。並表示所欲得者只帕台咯拉洒德里公主一人。因其甚願與名震殊俗的素哩玉台王后之血裔結合也。帕馬哈喳咯攀王許之。

希啊呦他亞與希薩那崑虎兩京信使往還。商議婚事。帕馬哈潭嗎拉查必知其底蘊。因使臣來去。須經過撒卯嫂（在碧本省內。）距毗司奴露匪遠。既悉帕馬哈喳咯攀王將送其女帕台咯拉洒德里往亞薩那崑虎京為后。帕馬哈潭嗎拉查深致不滿。因帕台咯拉洒德里與帕維素娣咯拉洒德里係同母姊妹。帕維素娣咯拉洒德里或可亦持反對態度。因知鴻掃瓦狄王將再進攻希薩那崑虎京也。差齊塔王之王后嬪妃。已被刦去。戰事一開。或將殃及帕台咯拉洒德里。亦未可知。彼時帕馬哈喳咯攀王已不信任帕馬哈潭嗎拉查。故對於將許帕台台咯拉洒德里與差齊堵王后一節。事前亦未與帕馬哈潭嗎拉查商議。帕馬哈潭嗎拉查欲出而諫阻。知必無效。乃密報鴻掃瓦狄王。派兵埋伏。斷其去路。當希啊呦他亞之欽差。護送帕台咯拉洒德里公主行近之時。緬甸之伏兵齊出。將之刼往鴻掃瓦狄城。帕馬潭嗎拉查必僞向帕馬哈喳咯攀王報告。帕台咯拉洒德里之被刼。係鴻掃瓦狄王個人行動。彼未與謀也。希啊呦他亞京方面。深明此事眞相。因懾於鴻掃瓦狄王之威。口頭未嘗有所表示。帕馬哈喳咯攀王對此奇恥大辱莫可忍受。乃將政權授與帕馬杳呑太子。然後出家。諸大臣隨之一同出家者甚衆。

帕馬哈喳咯攀王之出家。對於國家政治之惡的影響極大。使暹國之政局不定。如諸大臣亦隨之出家。卽可爲證。最重要者。卽帕馬哈喳咯攀王出家以後。帕馬哈潭嗎拉查完全失去對於希啊呦他亞京之尊敬及顧忌心理。因帕馬杳呑不過爲其妻舅。非比帕馬哈喳咯攀王之爲其岳父也。帕馬杳呑攝理國政之後。帕馬哈潭嗎拉查卽多方與之爲難。需要之事。一概指爲鴻掃瓦狄王之意旨。以高壓希啊呦他亞京。帕馬杳呑懼畏鴻掃瓦狄王之威。不敢違拗。帕馬杳呑貌似恭謹。心實忿恨已極。乃思有以消滅之。既至帕馬杳呑羅致得已與帕馬哈潭嗎拉查脫離關係之帕拉嗎。（綸龍爲甘烹碧府尹。）以爲參議。相謀密告差齊塔王。請派希薩那崑虎京之兵進攻毗司奴露城。帕馬杳呑亦將起兵佯去解圍。一有機會。則相助拘拿帕馬哈潭嗎拉查王。差齊塔王因帕台咯拉洒德里之被刼。亦在痛恨帕馬哈潭嗎拉查。乃應帕馬杳呑之請。調運軍隊。至佛曆二千一百零九年虎年之尾乾季。動員進攻毗司奴露城。並揚言曰。帕馬哈喳咯攀王已許其女與差齊塔王爲后。中途變卦。致蒙羞恥。今必欲攻陷希啊吻他亞京。以報仇雪恨。但須先襲希啊吻他亞北境之毗司奴露城。帕馬哈潭嗎拉查接得希薩那崑虎京之軍隊將進攻毗司奴露城之消息。並未疑爲帕馬杳呑王之陰謀。立刻向希啊吻他亞京報告情形。並請派遣援軍前往助戰。帕馬杳呑見帕馬哈潭嗎拉查求援。知計已售。遂命丕耶希辣迪秋差。與丕耶態南統率一軍。預先開拔。一似往助守衞毗司奴露城也者。但復暗中密令丕耶希辣迪秋差軍隊。與希薩那崑虎大兵會合之時。立刻中變。在城中響應。丕耶希辣迪秋差領兵去後。怕馬杳呑命丕耶拉嗎統領水師爲開路前鋒。自爲主將。統率中軍。向毗司奴露城進發。前鋒隊駐於朱拉馬尼寺。中軍則分佈平河口下。丕耶希辣迪秋差抵毗司奴露城後反加入帕馬哈潭嗎拉查一派。將所有祕密盡情報告。帕馬哈潭嗎拉查聞訊。遂阻止希啊呦他亞軍。不令入城。然後製造火筏沿河放下。希啊呦他亞水師被焚。秩序大亂。延及中軍。希薩那崐虎京之軍隊。聞希啊呦他亞軍已到。乃努力進攻毗司奴露城。但其時希啊呦他亞之軍隊已退。希薩那崑虎軍單獨攻城。終未能下。既探悉丕耶古干與丕耶色罕統率鴻掃瓦狄之援軍。已逼近毗司奴露城。差齊塔王之軍隊始退回榮占城。帕馬杏呑知希薩那崑虎之軍隊已退京。領兵退回希啊呦他亞京。

九

戰事完畢之後。帕馬哈潭嗎拉查自赴鴻掃瓦狄城。爲帕馬杏呑勾結差齊塔王設計謀害一事。向鴻掃瓦狄王訴苦。鴻掃瓦狄王躊躇滿志。乃立帕馬哈潭嗎拉查爲帕希傘碧昭化毗司奴露。歷史上稱之曰攜貳之王。爲鴻掃瓦狄之屬國。與希啊呦他亞京脫離關係。

帕馬杏呑大軍退回希啊呦他亞京。探悉帕馬哈潭嗎拉查已自往鴻掃瓦狄城。知其必慫慂鴻掃瓦狄王。爲害於希吶呦他亞京。恐責任過重。應付無法。各大臣皆猶疑不定。意見未齊。乃往求帕馬哈喳咯攀王。請卽還俗。主持國政。以後帕馬哈喳咯攀王與帕馬杏呑同赴毗司奴露城。其時帕馬哈潭嗎拉査尙在鴻掃瓦狄京。將帕馬哈潭嗎拉査之后帕維素娣咯拉洒德里公主。及其生女接回。其目的不過欲使帕馬哈潭嗎拉査眷戀。不敢乞兵鴻掃瓦狄京。以蹂躪希吶呦他亞城而已。帕馬哈喳咯攀王回至那坤薩晚城後。命帕馬杏呑率兵進駐甘烹碧城。意在拆毀城垣。以破壞敵人之堅而且固的根據地。兵臨城下之時。帕馬哈潭嗎拉査所派守城將官坤因他拉賽拿等合力刼殺已臨城下之軍隊。帕馬杏呑以事出意外。未及預防。終爲甘烹碧人所敗。乃下令撤兵。

帕馬哈喳咯攀王回京以後。因恐鴻掃瓦狄人不久將大舉入寇。乃多方佈置。防禦京師。據暹國歷史所載。增添及改善之防禦工具。約有數種。如建築礮臺戰樓。並在城牆四圍加增礮力。東面城牆本臨河水。復在水邊安置防線。並在城之四圍距水五瓦之地。築造禦敵工程。以防敵軍利用水路。襲擊京師。

帕馬哈潭嗎拉查在鴻掃瓦狄城聞知其后帕維素娣咯拉洒德里與其女子已被帕馬哈喳咯攀王與帕馬杳吞接同希啊呦他亞京爲質。大驚。立刻報告於鴻掃瓦狄王。鴻掃瓦狄王遂下令調動軍隊。預備進攻希啊呦他亞京。並命帕馬哈潭嗎拉查迅速返國。整理此地各軍。鴻掃瓦狄王復令各屬國一律徵兵助戰。於佛曆二千一百十一蛇年十一月雨季之末。大軍出發。王者之兵共分七軍。副君一軍。伯萊王一軍。東武王一軍。紅哇王一軍。以上各軍皆有大汰軍隊混雜其間。命鎮守撒叻瓦狄城之太子。與青邁、青多合組一軍。鴻掃瓦狄王自將中軍。帕馬哈潭嗎拉查之汰人一軍。共成七軍。據歷史所載人數。一共約五十萬。取道邁拉茂在甘烹碧集中。一如前次。

希啊呦他亞京方面。此次作戰區域。實無法離開京師各城各地。皆已叛變。卽在京畿省內。人民亦驚惶萬狀。逃避甚多。因此不得已。只有京師一隅。可以防守。鴻掃瓦狄軍一路毫無阻礙。於正月間抵希啊呦他亞京。將城包圍。北面鴻掃瓦狄駐於鑾劈妮之郊。希啊呦他亞城中在摩天角安放納賴喪漢巨礮。（卽今日近兵房之城角一帶。）向鴻掃瓦狄王之軍中轟擊。頗有死亡。鴻掃瓦狄王無法。只得下令。將中軍退至半馬哈蒲拉木地方。出乎大磤火力之外。復命東武王軍。丕耶帕森軍。丕耶阿派卡米妮軍。毛大馬之蠻軍。列於城之北。命副君一軍及帕馬哈潭嗎拉查一軍。圍於城東。命撒叻瓦狄太守一軍。及青邁大汰之軍。圍於西。（此路並不重要。因其非攻城之路也。）紅哇王攻城南面敵軍。此次雖包圍京師。但亦不敢過於逼近城垣。因汰人之磤火甚烈故也。對於防衞之事。帕馬哈嗪咯攀王。命丕耶拉嗎爲總司令。大本營設於王家大場。組織後備隊以助守城。每面五隊。帕馬哈嗪咯攀王並致書希薩那崑虎京。請差齊塔王派兵援助。以便夾攻敵軍。

十

緬甸歷史載稱。鴻掃瓦狄軍包圍希啊呦他亞京以後。鴻掃瓦狄王乃召集各將開軍事會議。討論攻取希啊呦他亞京之戰略。副君主張。鴻掃瓦狄軍爲數甚多。應各方面同時總攻。務於最短期內。將城攻陷。不然。集時日久。糧食上將發生問題。更有一層。不久雨季卽臨。不便作戰。鴻掃瓦狄王對此主張。堅持反對。謂希啊呦他亞城四面有大河環護。非比別城之易於攻奪。

加以汰人防禦周備。人數雖少。亦可勝衆也。若各方面同時總攻。死亡必夥。不勝時。各軍之損失太大。此次攻城。能用穩當手段。不爲汰人所敗。稍遲何妨。護城河尙狹。堅圍可也。鴻掃瓦狄王乃將中軍移駐城東之嗎影寺。命帕馬哈潭嗎拉查之軍。仕伐糖樹。命副君率師攻城。先設一戰線。距護城河三十線。以彼線爲根據地。軍士漸向前移。相距十線遠近。再設第二道戰線。挖土築牆。安插糖木。以禦汰人之大礮攻擊。前設戰線之鴻掃瓦狄軍士。中汰人礮彈。死亡甚衆。至於晝則躲藏。夜間始出工作。城中當局又時常組織敢死隊。出城搏鬬。鴻掃瓦狄王不得已。在前方大增軍隊。始能完成第二道戰線。完成以後。再向前移動。在護城河邊佈置第三道戰線。此線已與汰軍戰線接近。汰人大礮射擊較準。敵軍之死亡比前尤衆。乃於夜間挖鑿地道。以防禦汰人礮火。如是兩月之後。第三道戰線始築完畢。汰人防禦仍嚴。敵軍雖逼近護城河。亦無可如何。鴻掃瓦狄軍多次衝鋒渡河未成。不得不依舊退守陣地。鴻掃瓦狄王見汰人守城得力。軍械糧餉亦因海運方便。而未感缺乏。乃命海軍繞焚米橋。(卽今日之希角運河)。出邦賽、至吞布里、及南布里、以下游巡。截斷水路。禁止船隻運貨至京師。然後命塡平護城河。

進攻京師。塡河工程。共分三段。南段由副君塡河造路。自高蛟攻城。（卽今日素灣寺前面。）中段由伯萊王領兵塡河修路。自邦因前邦寺進攻。（卽今日之啊呦他亞車站一帶。）北段由紅哇王統軍。塡河築路。自咯勒橋（在占甲森宮之南）攻城。鴻掃瓦狄王限期完工。到時未竣者。將處以死刑。副君、伯萊王、及紅哇王、等懾於王命。乃用糖木遮衞。率兵士塡河築路。汰人開礮轟擊。鴻掃瓦狄軍死亡日衆。但仍努力攻城。前仆後繼。

帕馬哈嗜咯攀王適於此時逝世。帕馬杏呑瓦吻蒂辣卽位。不耶拉嗎及汰軍將領。見軍士膽怯。萬難再守護城河。乃下令各軍退入城內。卽以城牆爲防線。鴻掃瓦狄王以爲有機可乘。乃驅軍向東面猛攻。自高蛟進城。但帕馬哈台甫負此方守禦之責。竭力抵抗。終能保持陣地。鴻掃瓦狄軍攻城未陷。死傷日多。乃依舊退出護城河外。

十一

鴻掃瓦狄王努力圍攻希啊呦他亞京。至五月之久。城仍未下。心中頗覺鬱鬱。因乾季將去。雨季漸來矣。乃與帕馬哈潭嗎拉查計議。如何始能於最短期內。將戰事解決。帕馬哈潭嗎拉查曰。希啊呦他亞京人之所以不甘投降者。只因有丕耶拉嗎一人存在。彼將試計離間。乃致密函於帕維素娣咯拉洒德里。內稱鴻掃瓦狄王大軍已迫近京畿。帕馬杏吞嗨拉蒂辣不應再事頑抗。以塗炭蒼生。當與鴻掃瓦狄王和好。一如前此之白象戰爭也。聞鴻掃瓦狄王自云。所欲得者只有丕耶拉嗎一人。因其離間戚友得之卽可罷戰。雙方和好矣。帕維素娣咯拉洒德里將此函奏呈帕馬杏吞王。帕馬杏吞王遂召各大臣計議討論應付敵策略。各大臣對於戰事皆抱悲觀。相信絕無倖勝之理。卽丕耶拉嗎本人亦束手無策。乃多數通過。尊重帕馬哈潭嗎拉查意見。帕馬杏吞要求敎王。帶領使臣往與鴻掃瓦狄王講和。並命使臣將丕耶拉嗎引交鴻掃瓦狄王。鴻掃瓦狄王索得丕耶拉嗎以後。立刻召集各將令。開軍事會議。討論和戰問題。諸將皆謂希啊呦他亞京已變成手中之物。萬不可和。鴻掃瓦狄王乃對使臣云。欲戰爭停止。非由帕馬杏吞王無條件降爲俘虜不可。使臣將此消息回報帕馬杏吞王。於是再集會討論。諸大臣深知鴻掃瓦狄王之目的在俘虜希啊呦他亞全城人民。極爲忿恨。遂相率向帕馬杏吞王自告奮勇。願與敵人決戰。待雨季一來。敵當自退。帕馬杏吞王深以爲然。遂設備防禦京畿。與敵鏖戰。

彼時希薩那崑虎京之帕差齊塔王。已應希啊呦他亞京帕馬哈嗒咯攀王之請。起兵詔碧本來援。鴻掃瓦狄王探明之後。遂與帕馬哈潭嗎拉查商量。然後設計。使丕耶拉嗎僞造希啊呦他亞京之文書。命帕馬哈潭嗎拉查軍中之汰人。將書投遞於希薩那崑虎軍中。言包圍希啊呦他亞城之鴻掃瓦狄軍。實力已弱，夾而攻之。必操勝算。鴻掃瓦狄王復命副君領兵至洒布里地方埋伏。預備截擊希薩那崑虎軍。差齊塔王接得僞書之後。不疑其僞。立刻催動大軍。兼程並進。前軍方至洒布里地方。副君之伏兵齊出。希薩那崑虎軍中之象馬軍士。損失甚多。帕差齊塔王知勢已敗。遂領兵退回希薩那崑虎京。

十二

鴻掃瓦狄王擊潰希薩那崑虎軍以後。又努力進攻希啊呦他亞城多次。終未陷落。因城中各大臣官吏已敵愾同仇。作殊死戰矣。帕馬哈潭嗎拉查復自告奮勇入城游說京師中人。非但不聽。反開槍射擊。帕馬哈潭嗎拉查無法。只得迅速逃出。歷七閱月。城尚未陷。鴻掃瓦狄王因雨季漸來。心愈怏怏。乃設計與前在希啊呦他亞京與帕臘梅遜同時被俘之丕耶嗒咯哩疏通。丕耶嗒咯哩自請入城。充當奸細。鴻掃瓦狄王佯將丕耶嗒咯哩監禁。拘於西面陣地。復密令看守將官故作疏忽。縱丕耶嗒咯哩逃去。於夜間丕耶嗒咯哩連載鐐銬入手。謁見摩天寺方面之守將。翌早緬甸軍中復將監守人斬首。插於水河示衆。以使城中人堅信不疑。帕馬杏吞王以爲丕耶嗒咯哩果自逃出。並不知其爲鴻掃瓦狄王之計謀也。帕馬杏吞因丕耶嗒咯哩前爲大臣。且曾力抗鴻掃瓦狄王。遂欣然命之代丕耶拉嗎負防衛京畿之責。丕耶嗒咯哩至此乃得施展其奸細手段。見王弟帕掃哇辣奮勇殺敵。乃向帕馬杏吞王前讒之曰。將卽叛變。至被斬殺。見大臣有忠心爲國努力殺敵者。則調之使守敵軍所不攻擊之地。懦弱無能者。位當敵鋒。既見京畿之力量已衰。始暗中報告鴻掃瓦狄王四面猛攻。希啊呦他亞京遂於佛曆二千一百一十二年蛇年暹曆九月十一日。被鴻掃瓦狄軍陷落。圍城共九閱月。

據緬甸歷史載稱。鴻掃瓦狄王攻下希啊呦他亞城之後。不久河水卽漲。淹及鴻掃瓦狄原有之營地。假使鴻掃瓦狄王未能將城攻陷之時。至遲一月後。必將罷兵。事實如此。殊足惋惜。使汰人不自負義。城必不陷也。關於忘恩負義之丕耶嗜咯哩。緬甸載云。鴻掃瓦狄曾命之爲毗司奴露太守。彼不願就任。自請至鴻掃瓦狄京供職。必因其尚知自羞。不敢與汰人會面也。鴻掃瓦狄王豢養丕耶啼咯哩未久。即托故殺之。因知其忘恩負義。恐將不利於國家也。

鴻掃瓦狄王此次攻下希啊呦他亞京。軍士之損失極大。遂命以佔領國待遇希啊呦他亞京。將己所需要之財產一律充公。男女居民一概俘擄而去。所餘看城之人不過一萬。至於帕馬杏呑王及其戚屬官吏。亦完全解往鴻掃瓦狄京。帕馬杏呑王中途病故。享國一載。爲素攀王族之第十三最後一代。希啊呦他亞京共歷一百九十七年。鴻掃瓦狄王在啊呦希他亞京度過雨季。命在金山寺建築土山。以紀念勝利。至佛曆二千一百一十二年十二月。即沿毗司奴露城一帶退去。自此以後。希啊呦他亞京遂變爲鴻掃瓦狄之屬國。歷十五年之久。始賴納雷孫王之神威。得恢復獨立。詳情將於下章述之。

第四節　希啊呦他亞之復興

一

帕馬哈潭瑪拉查於佛曆二千一百一十二年。自就暹國王位。稱之曰帕希傘碧。歷史中仍呼其舊名曰帕馬哈潭瑪拉查蒂辣。爲蘇口胎王族統治希啊呦他亞京之第一世君主。其爲帕維龍血裔。已於上章述之矣。帕馬哈潭瑪拉查王與帕馬哈嗏咯攀王后素哩玉台所生之帕維素娣咯拉洒德里公主結婚。子女三人。長女名帕素婉台維。當帕馬哈潭瑪拉查統治希啊呦他亞京時。卽獻與鴻攄瓦狄王爲后。次子人多呼之曰黑王子。當白象戰爭鴻攄瓦狄王大軍撤退之後。卽將之帶去收爲養子。（實是爲質。）自九歲至十五歲。皆在鴻攄瓦狄京。其父在希啊呦他亞京卽王位後。鴻攄瓦狄王（已得帕素婉台維爲質。）始遣之返國。助理政事。帕馬哈潭瑪拉立爲帕納雷孫太子。命之坐鎭毗司奴露城。統治北方各地。幼子人多呼之曰白王子。年幼之時。與其母同居。帕馬哈潭瑪拉查王立之爲帕垙戛士絲羅。帕納雷孫與帕垙戛士絲羅二人。實開暹國高等王族昭發名稱之始。

二

帕馬哈潭嗎拉查王適於國家破亡之時。統治希啊呦他亞京。所有財產。盡被鴻掃瓦狄王允公。人民幾皆爲擄去。希啊呦他亞京所餘者不過萬人。復有緬甸及蠻軍三千人久駐。名爲幫助守城。實係監視汰人行動。彼時汰人尚未統一。因南方汰人受盡敵人壓迫。對於勾結敵軍之帕馬哈潭嗎拉查王。及北地汰人。自當深痛極恨。不過因南方汰人被敵人俘去甚多。所餘者亦流離失所。藏匿各地。故未發生內爭耳。北方汰人未爲俘去者。亦被鴻掃瓦狄王虐待驅使。爲緬甸人工作。財產爲緬甸人所侵奪。並未因勾結敵人而稍減其痛苦。因此本同病相憐之意。仇忿乃得迅速冰釋。

希啊呦他亞京破亡之後。立見惡果。至佛曆二千一百一十三年乾季。曾隸希啊呦他亞京之柬埔寨王帕布龍拉查。竟敢率衆進攻希啊呦他亞京。此次喀民軍隊。不過兩萬人。卽能直臨城下。帕馬哈潭嗎拉查王探悉喀民軍來犯之始。自知實力不逮。卽思遷往毗司奴露。因爲有汰人丕耶碧本作祟。在中途伺候打刼。乃不得不在希啊呦他亞京。與喀民軍激戰。但此輩喀民軍素懼汰人。既至其前鋒主將帕堅巴被汰人擊斃以後。乃刼掠而退。五年以後。當佛曆二千一百一十八年之時。鴻掃瓦狄王統兵往攻檠占。並命帕馬哈潭拉嗎查與帕納雷孫。率師助戰。帕布龍拉查見有隙可乘。復起兵進犯希啊呦他亞京。此次全係水師。在帕昭葩南青寺登陸。完全未遇阻礙。其時適值帕馬哈潭嗎拉查與帕納雷孫領軍往助鴻掃瓦狄王。方至蘭浦荷澤之時。帕納雷孫忽患天花症。鴻掃瓦狄王始准帕馬哈潭嗎拉查班師返國。至希啊呦他亞京時。適逢喀民軍攻城。衝而擊之。喀民軍敗潰竄去。自此以後。喀民軍不敢復犯希啊呦他亞京。但仍時常派隊刼擾各鄉。帕馬哈潭嗎拉查王因實力薄弱。未加撻伐。喀民軍之一再騷擾。在間接方面。實在有益於汰人不少。因其能督促分崩離析之汰人。使之再統一於希啊呦他亞京城之內。帕馬哈潭嗎拉查之軍力。乃得因之而增。帕馬哈潭嗎拉查更得借此機會。從事於守衛京畿之工作。而不遭鴻掃瓦狄王之疑忌。乃命濬東面之護城河。（即今日百康濠至百康傘一帶。）前爲鴻掃瓦狄王所塡。今復挖之使深且寬。更在新鑿河岸。建築城牆。與別面相同。又命添築礮臺。增加武器及運輸工具。彼時擴張實方。最重要者。爲勿招鴻掃瓦狄王猜忌。鴻掃瓦狄王若知汰人將謀自主。必立刻施以討伐。汰人無法與鴻掃瓦狄王作對。不得不表示順從。如派兵助戰。及遵從鴻掃瓦狄王之意旨等等。有數種制度。係由於遵從鴻掃瓦狄王之意旨。後成爲例。竟流傳至今日。如小曆月份。及鴻掃瓦狄法律。皆可爲證。再者。達咯城原設於旺河平河相交之處。大概係於彼時遷往半臘行。爲交通利便也。半臘行爲與蠻人往來必經之路。有呼爲達咯城者。有呼爲半臘行者。希啊呦他亞京受鴻掃瓦狄王壓制至十五年之久。

三

帕納雷孫所統治之北方各地。亦與希啊呦他亞相同。開始兢兢業業。整頓國政。今日思之。帕納雷孫之坐鎮毗司奴露城。一似天意選擇留爲後日恢復汰人自由也者。納雷孫本身完備無缺。既爲帕龍及帕馬哈喳咯攀王之血裔。又生長北地。爲北方人民所擁戴。帕納雷孫自少年之時。卽熟悉北方情形。故對於統治一事。不覺甚難。更有一層。納雷孫曾任鴻掃瓦狄職六年之久。此點極爲重要。因彼時汰人正懾於緬人之淫威。帕納雷孫能與緬甸蠻人相處。熟悉其語言民情。以及國家實力等等。以爲準備反抗之基礎。吾人從歷史上。可以看出帕納雷孫本人有遺傳之善戰本能。無需督促責備也。天降此人。拯救暹國。使脫離爲人奴隸之地位。帕納雷孫之歷史自統治毗司奴露城時起。最先爲竭力搜羅人材。因當鴻掃瓦狄王攻下希啊呦他亞京之時藉口官吏與帕馬哈潭嗎拉查不合。乃完全撤職。然後將北方官吏調來希啊呦他亞京使用。北方官吏缺乏。不得不另覓人材。彼時帕納雷孫方在少年。故其所選擇之人材亦皆年少。他日幫助帕納雷孫恢復暹國獨立成功之將官。即此輩青年也。此等少年。皆學習帕納雷孫之戰術。其輔佐帕納雷孫。自較熟悉舊式軍事學之希啊呦他亞將領。尤爲得力也。

帕納雷孫之初次鬬爭。一次彼來希啊呦他亞京。住於新造之宮內。即今日之占戛森宮。其時適有來輸誠希啊呦他亞京之喀民華人官吏名丕耶晉占杜者。熟悉暹國情形。以後預備乘船逃走。帕納雷孫聞悉。率領自毗司奴露同來之官吏及其弟埃戛士絲羅在後追趕。至河口時追及丕耶晉占杜。返身決鬬。帕納雷孫命搖船在前。自持洋槍立在船頭。射擊敵人。敵人還擊。彈中槍托。槍碎亦不內躲。帕埃戛士絲羅見其兄勇猛如此。恐生意外。乃搖船向前遮護。其時丕耶晉占杜之船。適遇風助。乃張帆入海。追敵之船不能乘風御浪。遂自返京師。此爲帕納雷孫之初次戰鬬。卽能身先士卒。足見與以前之戰爭方法不同。又足見帕納雷孫與帕埃戛士絲羅互相愛護。共患難。共安樂。共負大戰工作。

一次。帕納雷孫復來希啊呦他亞京。聞悉柬埔寨王常派兵刦擄那坤拉查希馬城之人民。並將擾及畿內各省。帕納雷孫立刻率快馬隊。快象隊。及軍士三千人。設計埋伏於喀民軍必經道路之兩傍。喀民軍一時疏忽。前軍竟陷入陣內。被汰軍殺傷甚多。喀民大軍。不知汰人確數。懼而立刻退回柬埔寨京。帕納雷孫善戰如此。威名傳至鴻掃瓦狄京。遂發生下述之事。

四

佛曆二千一百二十四年蛇年。鴻掃瓦狄王卜倫昂病歿。其子副君芒差成繼位。緬甸人呼之曰南卜倫王。立其長子芒甲約查哇爲副君。並命通告各附庸之國。謂鴻掃瓦狄京已更易新主。着卽按照習例。前往朝賀。其時帕納雷孫年僅二十六歲。因欲探知緬甸虛實。乃自請代父入鴻掃瓦狄京朝賀。各附庸之君在鴻掃瓦狄京集會之後。知大汰之康城太守抗命不到。鴻掃瓦狄王震怒之餘。乃命起兵討伐康城。又謂諸長者皆有戰爭經歷。此次將使諸少年將兵。以便得實習戰術。其意固在使其子副君一顯身手。命組成三軍。鴻掃瓦狄一軍由副君將之。東武一軍由帕桑甲嵵將之。希啊呦他亞一軍由帕納雷孫將之。起兵攻城。各顯手段。康城設在山上。上山路崎曲。易於防守。大軍到後。副君乃與帕納雷孫及帕桑甲嵵計議曰。上山祇一條路。三軍蜂擁齊上。除死亡加增以外。絕無用處。山上防軍非多。不如由三軍輪流攻城。計定之後。乃在山坡安營。値副君攻城之時。晚十點鐘進攻。康人抵禦甚力。至翌早城仍未陷。攻城者死亡枕籍。退回原地。帕桑甲嵵値班攻城。亦無效果。當副君與帕桑甲嵵輪流攻城之時。帕納雷孫卽從事於審查地勢。又發現一條上山之路。遂決定計劃。於値班攻城之日。暗將所部分爲兩軍。黃昏之後。命小隊埋伏於副君及帕桑甲嵵所曾進攻之正面。命大隊埋伏於新近發現之路傍。靜候至夜四時天色將明之時。命小隊在正面鳴槍呼嚎。虛張聲勢。使康人相信又將從此路攻城也者。守城者因天色尙黑。不知敵軍多寡。遂相率在正面迎敵。帕納雷孫見康人已來前抵禦。立刻通知大隊。自新路襲城。翌早卽將城攻下。逮捕康城太守。三軍退回鴻掃瓦狄城。副君及帕桑甲嗺感覺羞忌。自此以後。二人遂與帕納雷孫失和。鴻掃瓦狄王心雖不悅。亦無可如何。祇得照例獎之。

又有一事。當康城戰爭以後。帕納雷孫尙在鴻掃瓦狄京之時。曾與副君鬬雞。副君之雞鬬輸。心中不悅。乃出言激曰。俘奴之雞果善鬬耶。帕納雷孫怒而答之曰。此俘奴之雞不僅善鬬。且能贏得國家。帕納雷孫回希啊吻他亞京以後。鴻掃瓦狄王聞悉帕納雷孫盛氣凌人。且精於作戰也。如此若不早加束縛。恐留爲後患。乃命南特肅與拉查桑克蘭統率緬甸及大汰之軍。向甘烹碧城出動。並設置倉房。聚草屯糧。觀其外貌。似將假道進攻希薩那崑虎京。求其實際。則不過欲恫嚇帕納雷孫。使其不敢叛變而已。在帕納雷孫方面。曾親赴鴻掃瓦狄京探取虛實。深知各附庸之國並非服從鴻掃瓦狄新王。蠻人、大汰以及鴨凱等族。皆不甘心再受緬甸人之統治。鴻掃瓦狄京不久必發生變亂之事。到時正好乘機舉事。今日時機未熟。不可輕舉妄動。故對於鴻掃瓦狄之恫嚇。佯裝不知。靜候機會。

五

不久。鴻掃瓦狄京方面。果如帕納雷孫所料。發生變故。卜佮昂王之女婿紅哇王。不滿意於鴻掃瓦狄新王。遂勾結大汰。遣使游說各屬國之王。促之叛變。伯萊王、東武王、及青邁王、等不應。反逮捕使臣。解交鴻掃瓦狄王。鴻掃瓦狄王立刻下令。調動軍隊。預備進攻紅哇城。並命伯萊王、東武王、青邁王、希薩那崑虎王、與希啊呦他亞之王等。率軍助戰。以試諸王之中孰違孰遵。孰忠孰叛。伯萊王、東武王、青邁王、希薩那崑虎王等。皆統率軍隊。如期援助。獨汰人之軍隊至期未到。當鴻掃瓦狄王領兵離開鴻掃瓦狄京城之時。心中疑懼。蓋恐帕納雷孫將襲其後路。遂命副君將兵守衛京畿。密令於帕納雷孫率軍到時。設計誅之。帕納雷孫見紅哇王已叛鴻掃瓦狄京。知汰人自主之機會已至。鴻掃瓦狄王與紅哇激戰。紅哇若敗。鴻掃瓦狄王無後顧之憂。必將移師來犯暹國。鴻掃瓦狄王若敗。汰人按兵不動。必至坐失良機。鴻掃瓦狄王既徵調汰軍助攻紅哇。實爲帕納雷孫千載一時之機會。乃自告奮勇。代父將兵。但故意行動遲緩。延耽時日。鴻掃瓦狄王率師已離鴻掃瓦狄京後。帕納雷孫始統領汰軍。自毗司奴露城出發。時在佛曆二千一百二十六年羊年三月。軍隊進行遲緩。至佛曆二千一百二十七年猴年六月。始抵與暹國毗連之邊境卡朗城。遲行原因。在坐視鴻掃瓦狄王與紅哇王決戰。鴻掃瓦狄若敗。則可率軍直搗鴻掃瓦狄京。鴻掃瓦狄王不敗。則可奪回被掠之汰人。以擴增他日之戰爭力量。留守鴻掃瓦狄京之副君。亦暗中陰謀。命蠻僧兩人。一名丕耶吉的。一名丕耶拉嗎。兩僧在卡朗城中黨羽甚夥。故意與帕納雷孫拉攏。僞充欽差。在卡朗城候迎。復密令兩僧候副君大隊開到之時。卽率黨在後夾擊。務求能將帕納雷孫誅殺。丕耶吉的與丕耶拉嗎兩僧抵卡朗後。將此祕密洩露於堪倉大法師。蠻人素惡緬甸。知緬甸人將誘殺帕納雷孫以後。乃相將央求二僧。勿再助緬人作惡。帕納雷孫抵卡朗城後。在堪倉寺中設置行轅。然後照例往各處拜謁。堪倉大法師憐之。乃向帕納雷孫告密。並引丕耶吉的及丕耶拉嗎兩僧前來投誠。詳述謀害之首尾。

帕納雷孫見與鴻掃瓦狄王明白決裂之時機已經成熟。乃召集各軍將領。報告緬甸人對彼謀害之經過。然後灑水地上。對諸將佈告天地曰。自此以後。誓與鴻掃瓦狄京斷絕邦交。帕納雷孫之宣佈獨立。在佛曆二千一百二十七年猴年六月。宣佈獨立以後。卽詢問卡朗城中之蠻人。將助何方。蠻人久處緬甸鐵蹄之下。痛恨已極。多數表示將助汰人。帕納雷孫先下令拘捕卡朗城中之緬甸官吏用卡朗城爲大軍集中之所。準備妥當之後。卽於六月向鴻掃瓦狄城進發。副君知丕耶吉的與丕耶拉嗎反助帕納雷孫。遂不敢照原定計劃。出兵截擊。只能統督軍兵固守京城而已。帕納雷孫大軍渡洒冬河。將抵鴻掃瓦狄城之時。接得消息。謂鴻掃瓦狄王與紅哇王作戰。至於互相象搏。鴻掃瓦狄王大勝。且已佔領紅哇城。大軍將卽退回鴻掃瓦狄京矣。帕納雷孫進攻鴻掃瓦狄城不下。遂四出佈告。命被掠之汰人一律返國。回者萬餘家。帕納雷孫命回國之汰人前行。自已則統率大軍在後保護。副君聞知帕納雷孫將被擄之汰人驅逐回國。遂命蘇叻干馬爲前鋒。自將中軍在後追趕。抵洒冬河時。汰軍已經渡河。雙方遂隔岸開火。雙方之槍力皆弱。不能射中敵方。但帕納雷孫能擊中敵方前鋒。蘇叻干馬死於象頸之上。鴻掃瓦狄軍大驚。潰敗而去。帕納雷孫乃得平安返國。射死蘇叻干馬之槍。稱曰渡過洒冬河之槍。爲神器之一。至今猶存。

六

帕納雷孫自鴻掃瓦狄回國之時。未敢經過達咯。因得南特肅與拉查桑克蘭等之緬甸軍隊。駐於甘烹碧城。若鴻掃瓦狄城再派兵追擊。恐有被敵夾攻之險。乃取道三座塔。直返希啊呦他亞京。向其父報告希啊呦他亞京宣佈獨立之經過。帕馬哈潭嗎拉查乃將守衞京師之全權。授與帕納雷孫。彼時尙在雨季。敵軍必不能來犯。帕納雷孫尙有五個月之時間。得從事於防衞京師之佈置。先往北方遣兵。逐盡僑居暹國之緬甸人。蠻人、大汰、之服務於緬甸人者。亦多反正。追隨帕納雷孫。但尙有不識廉恥之汰人兩名。一爲薩晚喀露太守。一爲皮柴太守。（或者卽是白象戰爭時。不戰而投降鴻掃瓦狄王卜伶昂之丕耶薩晚喀露與丕耶皮柴。）以爲帕納雷孫必不能與鴻掃瓦狄王相抗，乃矢志反抗。不肯輸誠。有進諫者。斬之。帕納雷孫不得已。遂率師討伐。擒斬二逆。北方各地始全平定。帕納雷孫又見汰人曾被敵人刼擄。故其兵士較少。若在北地與希啊呦他亞京兩處。與敵軍搏戰。兵分勢薄。不如集中一隅也。乃下令所有居民。一律移往希啊呦他亞京。自己則駐節占戛森宮中。預備與敵人作背城之戰。

七

鴻掃瓦狄王南卜侖大軍。自紅哇撤退之時。得悉帕納雷孫已將俘擄之汰人奪回。又將僑居暹國之緬甸人驅逐。立刻下令預備。於佛曆二千一百二十七年猴年末乾季。進攻希啊呦他亞京。但相信汰軍數少。不必如卜侖昂王之調動大軍。只命兩路進犯足矣。命王叔丕耶帕森。將陸軍入三座塔。命王弟青邁王芒那拉楊草。將水陸軍進擾北方。然後會攻希啊呦他亞京。在帕納雷孫方面。自雨季之時。已預備作戰。命偵探隊在各路偵查。探悉敵軍將分兩路入寇。乃命將沿途之居民。糧食。以及車輛等等。完全藏匿。以減少敵軍之接濟。希啊呦他亞城中。亦組織義勇兵兩軍。北方之人編成陸軍。共一萬人。以昭丕耶蘇口胎爲將。希啊呦他亞城中居民編成水軍。以丕耶嗜咯哩爲將。此兩軍義勇軍。爲游擊隊。得隨時與敵軍激戰。此外又組織中軍及衛城軍。所有居民。一律遷入城內。以便得固守城垣砲臺。

敵軍此來輕視汰人。兩路軍隊。亦未一齊出動。正月間。丕耶帕森之軍隊。先入干金布里。帕納雷孫見有機可乘。見當時河水極多。地尚潮濕。陸軍行動不便。乃命丕耶嗜咯哩。率水軍守衛素攀布里城。抗禦敵人。丕耶帕森原擬先佔素攀布里爲根據地方。一渡河。卽被丕耶嗜咯哩之水軍大砲轟擊。不得已。再退紮於丕耶曼山之高原。等候青邁軍消息。至二月間。帕納雷孫與帕埃戛士絲羅二人。在威賽差參會師。然後命昭丕耶蘇口胎領義勇軍爲前鋒。向駐紮丕耶曼山高原之丕耶帕森軍進攻。自將中軍在三恰楠駐紮遙援。昭丕耶蘇口胎抵丕耶曼山後。立刻將丕耶帕森之前軍擊潰。丕耶帕森未能照原定計劃佔據素攀布里城。屯駐山上。糧米缺乏。聞前軍失敗。立刻引兵逃去。昭丕耶蘇口胎在後追擊。直至干金布里之邊。奪得象馬及俘擄無算。

青邁王率領水軍陸軍。向達咯城進發。因汰人已放棄北方各城。故未發生戰事。青邁王姗姗來遲。抵柴那之時。不知丕耶帕森之一軍。已逃走十五日矣。乃命前軍。在蒲龍地方之浦特拉河口安營。一面命人偵察丕耶帕森之駐軍所在。以便得互相約合會攻希啊呦他亞城。帕納雷孫知青邁王一軍已到。遂與帕埃戛士絲羅二人。統率中軍。在威賽差參之半啫畏安營。復命帕拉查嗎奴爲前軍主將。率馬兵二百。步兵三千。進攻浦特拉河口之敵軍。帕拉查嗎奴率軍到後。見敵軍勢大。難以取勝。乃設計編織匪軍。刦掠敵人之象馬車米。敵衆則逃藏。敵寡則圍殺。敵人之前軍主將。知在此不能立足。乃退往柴那城。青邁王聞悉丕耶帕森敗逃之消息。自知勢孤。不能致勝。亦引軍退去。

八

汰人此次反抗鴻掃瓦狄。並未有劇烈之激戰。但對於汰人自身。影響極大。汰人能戰勝鴻掃瓦狄軍。汰人固無不希望能早日脫離緬甸之統治者。但以為帕納雷孫之宣佈獨立。操之過急。汰人實力未充。獨立命運恐不能久者甚多。相信能保持獨立反抗敵人者。除帕納雷孫與其所訓練之將官以外。恐祇少數。若亦仿效卜伶昂白象戰爭之時。開會討論。結果仍不免意見分歧。但此次汰人知於帕納雷孫獨自裁決。將事已弄成之後。遂不得不決心戰鬬。既見帕納雷孫果然善戰。與以前將領不同。信仰之心日益堅固。乃能與强敵戰鬬。不止此也。帕納雷孫戰勝鴻掃瓦狄。威名震極喀民。其時適值諸帕撒堵繼位。統治柬埔寨京。以為當汰人亡於鴻掃瓦狄之時。其兄帕布龍拉查。曾一再派兵蹂躪暹國。帕納雷孫既已獨立成功。必將討伐柬埔寨京。以報前仇。乃先派使臣。再向希啊呦他亞京請罪輸誠。帕納雷孫預備再與鴻掃瓦狄王決戰。不願樹敵南方。遂許與柬埔寨京和好。

鴻掃瓦狄王至此已覺悟不應輕視汰人。饒將如帕納雷孫者可以少勝衆。欲得勝利。非步卜佮昂王後塵調動大軍不可。於是遂預備再攻奪希啊吻他亞京。作終年之戰爭。

九

佛曆二千一百二十八年雞年。鴻掃瓦狄王下令。準備軍隊。再攻希啊吻他亞城。命副君先將一軍駐紮甘烹碧城。徵募農夫耕種田地。以預備糧食供大軍之用。大軍將於佛曆二千一百二十九年狗年出動。又命青邁王將一軍駐守柴那城。以保護鴻掃瓦狄在北地種田之人。並騷擾京畿省內之北方汰人。使之不能從事於耕種農田。以斷絕汰軍糧食之來路。但青邁軍此次之來。鴻掃瓦狄王頗懷疑慮。恐將再如上次之姍姍來遲。乃派使臣監軍。青邁王之率軍而來。實因懾於鴻掃瓦狄王威。

希啊吻他亞京方面。既接得鴻掃瓦狄大軍將自北地來犯。及青邁王入寇那坤薩晚之消息。帕納雷孫初以爲該兩軍將即於雞年會攻希啊吻他亞。敵軍勢大。迎而擊之。難獲勝利。總以驅民入城固守京師爲上策。青邁王見無敵軍阻路。乃欲一雪前恥。遂率軍直入威賽差參之半洒吉。（半差優之南。）然後派兵四出騷擾居民。使之不能按時耕種。丕耶帕天復統率馬軍。焚殺人民。直至靠近京畿之燒米橋地方。帕納雷孫聞訊。立刻與帕埃戛士絲羅率師與敵交手戰。丕耶帕天陣亡。其軍士除殺傷俘擄之外。皆逃竄而去。帕納雷孫自俘虜口中得悉敵軍作終年戰爭。自思非迅速擊退青邁王軍。必將失算。乃調集水軍陸軍。將往一決勝負。正在鑾皮妮之野準備軍隊之時。又接到青邁義勇軍分擾半巴摩居民之消息。立刻與帕埃戛士絲羅。乘快船往剿。至摩野時。正遇敵軍騷擾居民於威賽差參一帶。遂奮勇衝擊。敵勢不支。乃向北逃去。汰軍在後緊追。復與青邁王之前鋒丕耶青傘相遇。汰軍以衆寡懸殊。不能支持。幸援軍趕到。帕納雷孫與帕埃戛士絲羅奮勇殺敵。丕耶青傘始敗潰而去。帕納雷孫遂下令各軍。在摩野集中。

青邁王駐軍半洒吉。接得帕納雷孫擊敗丕耶青傘之消息後。以爲帕納雷孫必率師追擊。遂與諸將計議。皆曰。應以先發制人之手段。向汰軍進攻。青邁王乃命令各軍預備。於佛曆二千一百二十九年狗年五月二日出動。其時帕納雷孫正在摩野集中軍隊。自思丕耶青傘之軍雖經潰敗，但非完全消滅。應早整軍再來激戰。何以多日未有動靜。必屬青邁王之陰謀無疑。乃先命帕拉查嗎奴領兵前進。偵查敵軍動靜。帕納雷孫與帕埃戛士絲羅則率領大軍在後緊隨。

帕拉查嗎奴領兵進至邦蛟之時。適遇青邁王之前鋒隊。遂互相激戰。帕納雷孫率軍抵半海之時。聞前方大小砲聲隆隆不絕。知帕拉查嗎奴已與敵軍激戰。立刻下令大軍停止前進。分伏於東岸吉咯及巴通兩野。然後遣使令帕拉查嗎奴向後卻退。帕拉查嗎奴不知爲帕納雷孫誘敵之計。以爲兩軍勢均力敵。正好決鬥。不肯卻退。帕納雷孫再遣使前往。促之撤退。帕拉查嗎奴曰。激戰正烈。一退將潰敗不可收拾矣。仍不肯退。帕納雷孫大怒。命加曼蒂甫叻咯撒率馬軍前往督之使退。再違軍令。則斬殺以殉。帕拉查嗎奴不得已。始揮旗退兵。其時青邁王之中軍。已開到助戰。見汰軍卻退。以爲眞係潰敗。遂揮軍追擊。爭奪象馬軍械。秩序大亂。不成隊伍。帕納雷孫見敵果中計。伏兵齊起。圍殺敵軍。帕拉查嗎奴見勢。亦揮旗命軍士回來助戰。

雙方交手戰。青邁之前鋒中軍完全潰亂。不能成軍。軍士死亡甚多。軍官陣亡者七人。汰軍得象二十隻。馬百餘匹。軍械無算。

帕納雷孫見敵方驚潰。正好努力衝擊。使之不能再戰。遂統率大軍在後追殺。直至黃昏以後見軍士過於疲乏。乃命宿於半嗒歪地方。並命各將準備。於夜間開拔。抵半洒吉。黎明之時。齊攻敵營。青邁王逃至半洒吉以後。汰軍正嚙尾追擊。不敢停滯。遂於夜間繼續逃去。汰軍於五月四日抵半洒吉。其時敵軍正自相紛亂。無人作戰。汰軍唾手而下青邁王之營。活捉青邁王之前鋒丕耶青傘。俘虜軍士萬餘人。象百餘隻。馬百餘匹。船四百隻。軍械糧餉無算。青邁王御用之物。亦截得多種。帕納雷孫攻下半洒吉敵營以後。仍舊前追。至那坤薩晚城。知青邁王已隨副君軍隊逃去。遠追無益。乃統軍退回京師。

青邁軍隊潰崩之後。自佛曆二千一百二十九年狗年六月起。至十二月爲止。六個月間。戰事中輟。因青邁王與副君屯兵甘烹碧城。無力再犯希吶呦他亞城。在帕納雷孫方面。亦謀擴張軍力。預備與將於乾季開拔前來之鴻掃瓦狄王軍決戰。乃訓練軍士。預備車輛。俾能固守京畿。一如昔日。在此六個月之中。又命徵集居民在京畿省內耕種田地。並添製軍械儲之京師。已經收穫之米。則命屯入京師。未及收穫者。則一律毀棄。以防為敵人所用。再者。當帕馬哈喳咯攀王徵募居民入住京師之時。遠地者多數逃匿林野。徵募無路。至此。帕納雷孫乃命熟悉林野路徑之人。前往規勸命之編成義勇隊。以刼奪糧餉。使之不得運進敵營。

十

至佛曆二千一百二十九年狗年十二月。鴻掃兎狄王南卜佮大軍開拔。在甘烹碧城會合。雜軍人數共約二十五萬。分成三軍。鴻掃兎狄王自將一軍。副君將一軍。東武王將一軍。至於青邁王。怒其敗於汰人。怯於戰鬭。故只命負責輸運糧食。準備就緒之後。大軍出發。

彼時汰人對於防衛京師之事。早已預備妥當。惟東郊外所耕之田。尚未及收穫。帕納雷孫自思於敵人大軍來犯之前。定可收割完竣。遂遣人收割。並命陸軍大臣督軍在罕德拉之野保護。副君前鋒馬隊一到。立刻向陸軍大臣昭丕耶甘烹碧之營進攻。昭丕耶甘烹碧作戰失利。至於棄營逃回希啊呦他亞城。帕納雷孫聞訊。立刻與帕埃戛士絲羅衝出反攻敵人。敵人崩潰。乃得奪回營地。帕納雷孫大怒。以爲汰軍戰無不勝。攻無不取。昭丕耶甘烹碧之輸於敵人。實屬自挫銳氣。遂令將昭丕耶甘烹碧斬首處死。其父講情始釋。昭丕耶甘烹碧降爲平民。

鴻掃瓦狄王軍於二月抵希啊呦他亞京。即列營於東北兩面。據過去經驗。知此兩面較易進攻。安營完後。即開始攻城。但汰人守衛甚力。緬甸蠻軍一來。即被擊退。鴻掃瓦狄王努力攻城。至一月餘之久。尚未能逼近城垣。在此期間。帕納雷孫所組織之匪軍多團。四出活動。刼奪敵軍糧餉。鴻掃瓦狄王營中糧草既缺乏。又流行傳染病。帕納雷孫聞悉敵軍營中缺乏糧草。遂於日間夜間。伺機刼營。且曾親自出馬多次。據歷史所載。於三月十號上午五時。帕納雷孫親自出馬。往刼菩提老河口丕耶那坤之營。殺退敵人。奪下營盤以後。即命以火焚之。又一次在四月十號夜間。帕納雷孫往刼鴻掃瓦狄王軍營。攻下前鋒營地以後。迫殺敵人。直至中軍營。帕納雷孫下馬持刀。引兵抓牆。被敵鎗刺。未克攻入。後見敵來益多。始退回京畿。其刀至今猶存。名之曰越營御刀。

據歷史所載。鴻掃瓦狄王。知帕納雷孫親自刼營。遂向其羣臣曰。帕納雷孫舉動如此。無異於以香藥易鹹鹽。其父知之乎。羣臣答曰。恐未知知必禁之。鴻掃瓦狄王曰。帕納雷孫强悍已極。再來。當活捉之。兵士損失多少在所不計。命上將叻威覃木組織義勇軍，守衛前鋒營地。帕納雷孫再來。務生擒之。至四月十號夜間。帕納雷孫率軍埋伏龍皮妮之野。預備再刼鴻掃瓦狄軍營。但此次叻威覃木早有準備。知帕納雷孫復來。遂派兵一隊出營誘戰。帕納雷孫見敵軍勢小。乃命前面之馬軍衝擊。緬甸軍連戰連退。直誘至叻威覃木伏兵所在。鋒擁而起。四面包圍。帕納雷孫陷入陣中。奮勇衝殺。叻威覃木見勢。催馬向前。將下手活捉。被帕納雷孫一戟刺死於馬下。前來解救叻威覃木之兵士。亦被刀殺一名。緬甸人見汰軍人少。包圍廝殺。至一小時之久。汰人援軍趕到。始將帕納雷孫救回京師。

五月十四日。帕納雷孫自將水軍。奪下副君軍營。副君之軍退往邦家丹。以上所列者。均爲帕納雷孫親自出馬。別人之統兵刼營者。當然亦多。惟歷史上未有紀載耳。此次作戰。皆採以少勝衆之襲擊術。使敵人疲於奔命。戰鬪能力因之大減。

鴻掃瓦狄王自狗年二月起。圍攻希啊呦他亞城。至佛曆二千一百三十年猪年六月爲止。共十五閱月。尚未能將城攻下。見軍士死傷日衆。頗覺灰心。遂與羣臣商議。羣臣皆曰。希啊𠯿他亞城異常堅固。一時難以攻下。況且雨季將來。鬭爭尤感不便。不如暫且撤退軍隊。生集訓練。明年乾季再來攻城。汰軍人少。帕納雷孫雖勇。亦不免失敗。鴻掃瓦狄王深以爲然。遂下令預備撤兵。

六月十日。帕納雷孫復率水軍至邦家丹。意在襲刼副君之營。到時。見副君之兵已退。知鴻掃瓦狄王準備撤兵。立刻回京。於七月一日。調兵進駐岱崎寺。戰船多隻。上裝大砲。至八日。即開始向鴻掃瓦狄王營內轟擊。象馬軍士。死傷無算。鴻掃瓦狄王立刻大軍退至摩野。鴻掃瓦狄軍隊撤退之時。帕納雷孫遣兵追擊。直至馬哈辣海。但敵軍人多。汰軍勢小。未能將敵軍擊潰。汰軍退回京畿。鴻掃瓦狄王乃得安然返國。

當鴻掃瓦狄王大軍包圍希啊𠯿他亞京之時。柬埔寨王諾帕撒塔以爲希啊𠯿他亞京必將再受摧殘。一如往昔。復不顧邦交。派喀民軍進攻巴金布里城。其時巴金布里城因居民皆來助守京師。乏人護衛。乃被喀民人所陷。既而鴻掃瓦狄之軍隊已退。希啊𠯿他亞京乃命丕耶希賽拿龍統兵討伐喀民。雙方在那坤那優激戰。喀民軍潰敗逃去。帕納雷孫深恨諸帕撒塔。遂於佛曆二千一百三十年猪年乾季。率師進攻柬埔寨京。佔領帕達邦、及菩提薩、等城。但一方面因糧米缺乏。一方面恐鴻掃瓦狄王再來入寇。乃將軍隊撤回京師。

十一

鴻掃瓦狄王大軍撤退以後。消息傳遍各地皆知。鴻掃瓦狄王未能征服汰人。尊嚴已失。向隸鴻掃瓦狄京之各國。乃相繼叛變。鴻掃瓦狄王。竭力於應付各方。不能再攻希啊吻他亞城。緬甸暹羅三年未遇戰爭。帕馬哈潭嗎拉查王在位二十一年。忽於佛曆二千一百三十三年虎年八月逝世。帕納雷孫繼位。時年三十五歲。立其弟帕埃戛土絲羅為副君。尊榮比於國王。帕納雷孫即位八個月後。即復與鴻掃瓦狄發生戰事。此次亂事。據歷史所載。由於康城大汰之昭發叛變。鴻掃瓦狄王。與羣臣議曰。希啊吻他亞京叛變。不能撻伐使之馴服。各屬國之君尤而效之。若欲征服康城。非先討伐希啊吻他亞京不可。不然。叛變者將接踵而起。大勢一去。不可收拾矣。彼時鴻掃瓦狄王以衰老之軀。不能破陣衝鋒。親臨陣地。乃命編成兩軍。命其子新登佰萊王位者將一軍進攻康城。又一軍以丕耶帕森、帕耶蒲束、爲前鋒。副君爲主帥。進攻希啊呦他亞京。副君於佛曆二千一百三十三年虎年十二月統軍自鴻掃瓦狄城出發，意圖用出其不意攻其無備之手段。襲擊汰人大軍。遂取道三座塔向希啊呦他亞城而進。待希啊呦他亞京探得消息。勢已迫急。不及將各地居民驅入京城。但帕納雷孫爲人伶俐敏捷。見再守京師。將不免被敵蹂躪。立刻改變方略。自與帕埃戛士絲羅統軍迎敵。時二月事也。抵素攀布里後。知敵軍已經抄過干金布里城。遂命大軍在楊開河岸迎敵。副君軍到。見汰軍阻住去路。遂列陣出戰。丕耶蒲爲右翼。副君自爲中路。丕耶帕森爲左翼。將同時發動。向汰軍猛攻。帕納雷孫王見敵軍右翼稍弱。遂令向右翼攻擊。緬軍大敗。丕耶蒲束陣亡。右翼既亂。左翼及中路亦因之而崩潰。鴻掃瓦狄軍死亡甚衆。餘者竄逃。汰軍追擊至三千鱷魚地方。復將丕耶帕森捉獲。據緬甸歷史載稱。緬軍敗後。副君幾於被俘。副君脫險後。乃於佛曆二千一百三十四年兔年。招集殘部。退回鴻掃瓦狄京。鴻掃瓦狄王大怒。盡殺諸將。對於副君。則命暫緩施刑。立功贖罪。

十二

副君此次潰敗回國。鴻掃瓦狄王深爲憂慮。因副君爲承繼大統之人。如此庸懦。恐將爲各屬國所蔑視。遂發言安慰命副君再統大軍進攻希啊呦他亞京。但副君係敗軍之將。不敢言戰。鴻掃瓦狄王甚爲震怒。據緬甸歷史載云。某日。鴻掃瓦狄王召集各親王大臣等計議。席間怨曰。近來王族及各官吏。已無復憶及汰事者矣。帕納雷孫一撮之衆。即無人敢與之爲敵。鴻掃瓦狄京果無能人也耶。當時官吏中有名丕耶羅者。奏曰。希啊呦他亞之重要人物。只帕納雷孫一個。少年英俊。既長戰鬬。復擅將兵。故其人數雖少。亦猶衆也。鴻掃瓦狄京貴族之中。與帕納雷孫同年及精於戰鬬者。亦有數人。若能編成多軍。使王族中之善戰者將之。進攻希啊呦他亞京。勝利可操左券。若能戰勝帕納雷孫。希啊呦他亞京即在吾人掌握之中矣。鴻掃瓦狄王對此種議論。深表贊同。不過以爲副君若不親自出馬。終恐遭衆人輕視。遂答丕耶羅曰。所言甚是。我已衰老。不過與帕馬哈潭瑪拉查相比。彼有健兒。對於戰爭。不需鼓勵。反要禁止。我將依賴何人乎。副君聞此激篤之言。深覺慚愧。遂自請將兵再攻汰人。鴻掃瓦狄王乃調集軍隊。命嘉巴羅太守爲前鋒。副君自將中軍。於佛曆二千一百三十五年龍年二月。自鴻掃瓦狄城出發。進犯暹國。

在帕納雷孫方面。自副君大兵退去之後。以爲對鴻掃瓦狄王之戰事。必可停止兩三年。因敵方象馬軍士。死亡過重。正需補充也。乃從事準備。率軍進攻柬埔寨京。以報鴻掃瓦狄王包圍希啊呦他亞城時。諾帕撒塔騷擾暹國之仇。正月下令。命各國於二月中旬。同時發動。不意方至二月六日。卽接得干金布里之報告。謂鴻掃瓦狄王已又命副君。取道三座塔。襲擊暹國。帕納雷孫王乃命將預備進攻柬埔寨之邦闍兵站。移往威賽差參境內之摩野。並下令從速募集軍士糧米。又命拉丕布里府尹。領兵五百。組成匪軍。以刼掠敵軍糧餉。並在敵後面拆毁橋樑。後命丕耶希賽拿龍絳在楊開河口截堵敵人。準備妥當之後。帕納雷孫與帕埃戛土絲羅。始於二月九日。駕赴甜芒果營中。佈置軍隊。共三晝夜。至十二日。大軍十萬人。始自摩野。取道半三國。開往素攀布里城。在塢堂、楊桃、渡素攀布里河。二月十四日。抵楊開大本營。副君將軍抵三座。行動謹愼。不敢如上次之疏忽。不見汰軍截阻。始紥營於素攀布里境內之達龎姑地方。然後遣馬軍往探自北開來鴻掃瓦狄軍隊下落。並偵查汰人軍隊果在何處設防禦線。鴻掃瓦狄馬軍偵查至希啊吻他亞府內之邦甲廷地方。始悉帕納雷孫大軍已經發動。立刻回向副君報告。副君駐紮達龎姑。距丕耶希賽拿龍在沙賴軍營。不過三日路程。副君探悉帕納雷孫之軍隊爲數較少。乃與諸將計議。皆曰。敵寡我衆。應以大軍壓而碎之。敵軍一敗。即可啣尾追擊至希啊吻他亞城。計議妥後。副君率軍自達龎姑出發。同日。帕納雷孫已抵沙賴營中。

帕納雷孫王抵沙賴以後。立刻命令丕耶希賽拿龍之軍。向外移動。（紮於丹叻康地方。）等候偵探敵軍動靜。中軍則佈置陣勢。預備與敵軍激戰。相信於一兩日內。必將爆發。因兩軍已互相逼近矣。大臣之軍共分五軍。希望於敵軍進攻之時。努力迎戰。因敵軍勢大。汰軍人數稍少也。至二月一日。丕耶希賽拿龍回來報告云。敵軍大隊已過三千鱷魚。並已令所部準備激戰矣。帕納雷孫命令丕耶希賽拿龍曰。敵軍到時。須即退兵。萬勿與爭鬬。

翌日即佛曆二千一百三十五年二月二日。爲星期一。帕納雷孫與帕埃戛士絲羅。披甲執械。

帕納雷孫御象金山升昭丕耶差牙奴帕。以昭拉嗎寇甫爲象中。叻嗎哈奴帕爲馴夫。帕埃戛士絲羅御象本領升丕耶巴台牙傑。以門帕狄孫爲象中。坤希查定爲馴夫象馬衞隊前後扈從。帕納雷孫王升象之後。突聞前面砲聲震天動地。命快馬前去偵探情形。回來報稱。丕耶希賽拿龍正在丹跑考地方。與敵軍劇戰。早七時遇敵。現抵禦失力。已卻退而來矣。帕納雷孫聞報大怒。謂左右諸將曰。丕耶希賽拿龍違背命令。强與敵抗。潰敗如此。吾人將如何乎。諸將皆請派兵前往助戰。抵禦敵人。帕納雷孫不以爲然。曰。前軍已潰敗如此。吾人何能禦敵。勉强往助。亦惟有隨之潰退而已。立刻變更策略。反守爲攻。命快馬至丕耶希賽拿龍軍中宣言曰。勿須與敵人戰。卻退可也。軍士聞言。立刻向後奔逃。秩序大亂。敵軍啣尾緊追。帕納雷孫預先埋伏各軍。至十一時。見敵軍隊伍已亂。乃與帕埃戛士絲羅騎象圍攻敵人。諸將奉命改變陣式。亦不知居意若何。故於圍攻敵軍之時。除右翼丕耶希辣狄草、與昭丕耶馬哈希那、兩軍以外。多半落後。敵軍只顧追殺。未及考慮被汏軍包圍。始而紛亂。繼則崩潰。其時帕納雷孫與帕埃戛士絲羅所騎之象。正在交尾期內。見敵象逃走。立刻追隨。其時戰事正烈。塵土蔽天。諸將正圍殺敵人。亦未顧及帕納雷孫王下落。二象追敵至五十線遠近。塵土漸薄。帕納雷孫始見副君騎象。立於樹蔭之下。左右有兵將侍衞。方知已陷入敵陣。帕納雷孫毫無懼色。反出言激副君曰。吾兄立於樹下何爲。願相象搏乎。此類戰法。後世君王將不復有之矣。帕納雷孫所有者。不過兩象。與三五衞兵。敵軍若蜂擁而上。必難倖免。不過副君亦非怯者。聞帕納雷孫王出言相激。立刻催動其坐象帕高向前。帕納雷孫之御象丕耶差牙奴帕搏鬬。昭丕耶差牙奴帕正交尾時期。一見敵象。立刻衝上。副君一刀砍來。帕納雷孫讓過。坐下象鞍已被斬斷。昭丕耶差牙奴帕回身再鬬。副君被帕納雷孫一刀中右肩。即死於象頭之上。帕埃戛土絲羅與嘉巴羅太守象鬬。亦將太守殺死。鴻掃瓦狄諸將見副君被斬。立刻蜂擁向前解救。並開槍射擊。傷帕納雷孫王之手。馴夫叨馬哈奴帕。與帕埃戛土絲羅象中門帕狄孫。二人亦中槍斃命。其時適值中軍及昭丕耶馬哈希那之軍隊趕到。丕耶希辣狄草奮勇向前。始救帕納雷孫王與帕埃戛土絲羅出險。鴻掃瓦狄諸將見副君已死。深爲驚懼。前軍已經崩潰。惟其他軍隊尙稱安全。帕納雷孫脫險以後。猶思消滅敵軍。但因左右軍隊太少。不得不暫且回營。鴻掃瓦狄之殘部集中。遂擕副君之屍回鴻掃瓦狄城。帕納雷孫恐北路軍隊再來。亦不敢遠追。鴻掃瓦狄王見副君已死。灰心至極。遂調回各軍。不再與暹國作戰。

帕納雷孫此次戰勝敵人。威名傳遍印度洲各國。因自古以來。皆尊象鬭爲勇士最高尙之戰法。勝負全憑個人。不必借重軍隊與陰謀。兩軍交戰。主將親出。互相象鬭。爲難能之事。因此君王有能以此道勝敵者。其名益震。輸者亦堪自豪。無人敢輕視之。殺死副君之刀。後代皆稱之曰昭丕耶傘盆派（即殺敵之意。）被副君斬斷之象鞍。亦名曰帕馬拉丙皆君王之神械焉。照歷史事論。此次帕納雷孫之勝利。亦爲最高之勝利。因經此番戰事以後。在一百五十年間。無人再敢騷擾暹國。又能征服各方。爲暹羅擴張領土之時期。因此帕納雷孫。實爲暹國史上最偉大之君王。

中華民國二……
中華民國二十……第二版

三八一二上

史地小叢書 暹羅古代史一冊 (93645)
Ancient History of Siam
每冊定價大洋肆角
外埠酌加運費匯費

原著者 共丕耶達嗎鑾拉查奴帕
譯述者 王又申
發行人 王雲五 上海河南路
印刷所 商務印書館 上海河南路
發行所 商務印書館 上海及各埠

(本書校對者殷彥常)